Impressum
Verlag: BABADADA GmbH, Nedderfeld 112 , 22529 Hamburg
Geschäftsführer / Verlagsleitung: Harald Hof
Druck: Books on Demand GmbH, In de Tarpen 42, 22848 Norderstedt

Imprint
Publisher: BABADADA GmbH, Nedderfeld 112 , 22529 Hamburg, Germany
Managing Director / Publishing direction: Harald Hof
Print: Books on Demand GmbH, In de Tarpen 42, 22848 Norderstedt

دبستان
សាលារៀន

سەقف
បន្ទប់រៀន
پارکرن
ចកៃ
186/2
تەختە
ក្ដារ
هەوشا دبستانێ
ទីធ្លាសាលារៀន
مامۆستە
គ្រូបង្រៀន
کاخەز
ក្រដាស
نڤیساندن
សរសេរ
پێنڤیسک
ប៊ិក
ماسە
តុការិយាល័យ
راستەک
បន្ទាត់
پرتووک
សៀវភៅ
خوەندەکار
កូនសិស្ស

چەوال

សម្ពៀតស្បកែ

قووتی نڤیستۆک

ប្រអប់ដាក់ខ្មៅដៃ

قەلەمرساس

ខ្មៅដៃ

نڤیستۆک تووژکر

ប្រដាប់ខួងខ្មៅដៃ

ژێبر

ជ័រលុប

نڤیسکا نیگارێ

ផ្ទាំងគំនូរ

نیگار

តំណូរ

فرچییا رەنگین

ជក់គូរ

قووتی رەنگ

ប្រអប់ថ្នាំលាប

مەقەس

កន្ត្រៃ

لەزاق

ការបិទ

پرتووکا فێرپوون

សៀវភៅលំហាត់

وەزیفا مالێ

កិច្ចការផ្ទះ៖

12

هژمار

លេខ

2+2

زێدەمکرن

ប្តូក

5-2

دەرخستن

ដក

2×2

زێدەمکرن

គុណ

هەسپباندن

គណនា

A

تیپ

លិខិត

ABCDEFG HIJKLMN OPQRSTU VWXYZ

ئالفابه

អក្ខរក្រម

hello

پەیڤ

ពាក្យ

نقطیسی
អត្ថបទ

خواندن
អាន

گچ
ដីស

درس
មេរៀន

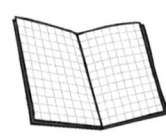

قفیدکردن
ចុះឈ្មោះ

نیمتیهان
ការប្រឡង

شهاداه
វិញ្ញាបនបត្រ

کنجا دبستانی
ឯកសណ្ឋានសាលា

پەروەردەهی
ការអប់រំ

زانستنامه
សព្វវចនាធិប្បាយ

زانینگه
សាកលវិទ្យាល័យ

میکرۆسکووپ
មីក្រូទស្សន៍

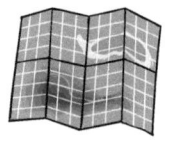

خەریته
ផែនទី

سەپەتا کاخەزی
កន្ត្រកដាក់សំរាមក្រដាស

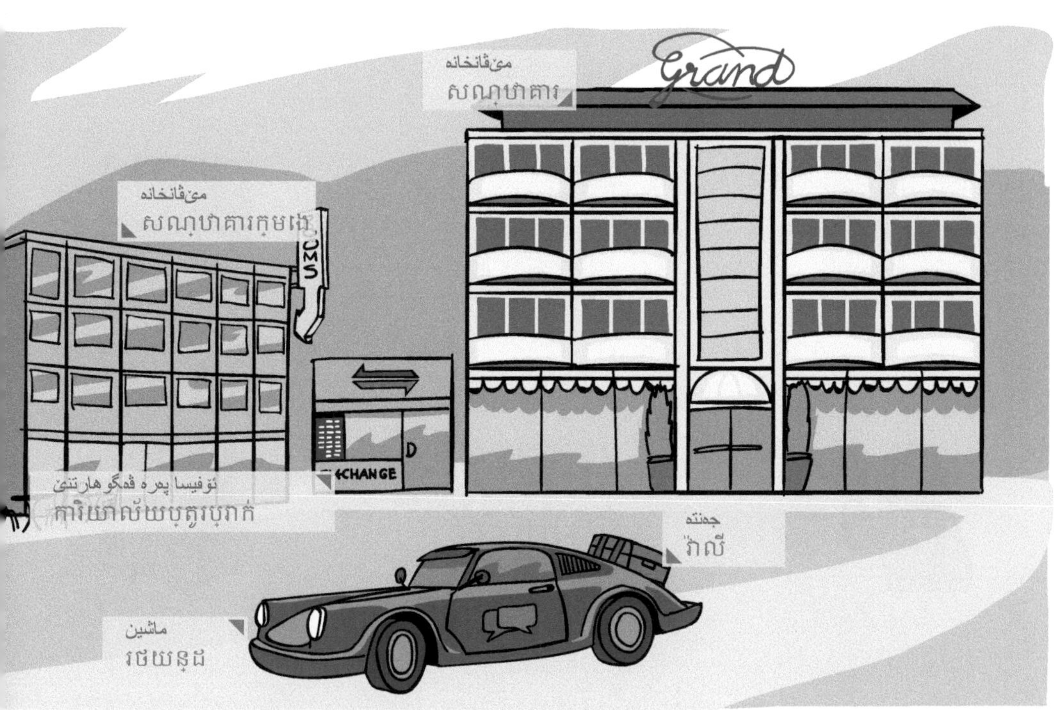
مېۋانخانه
សណ្ឋាគារ
Grand
مېۋانخانه
សណ្ឋាគារក្មេង
ئوفيسا پەرە ۋەگوهارتنى
ការិយាល័យប្តូរប្រាក់
EXCHANGE
جەنتە
រ៉ាលី
ماشين
រថយន្ដ

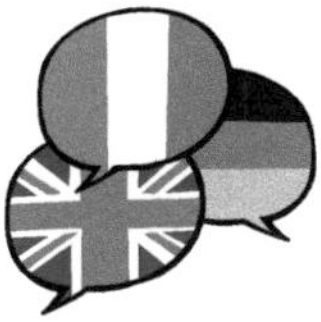

زمان

ភាសា

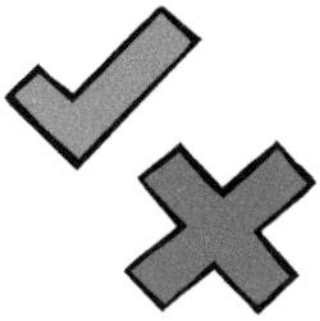

بەلى / نا

បាទ / ទេ

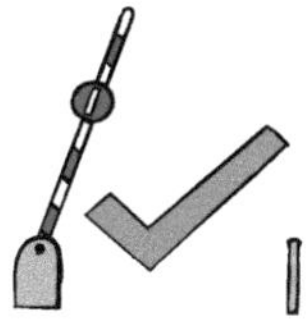

باش

យល់ព្រម

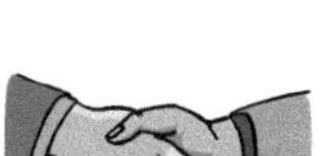

سلاڤ

សាយ័ន្តសួស្តី!

ۋەرگۈرا نقيسكى

អ្នកបកប្រែ

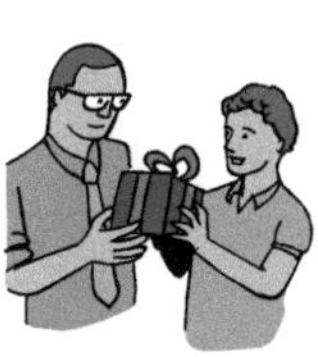

سپاس

សូមអរគុណ

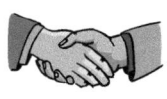

بهايئ ... چ قاسمد؟

ប៉ុលប៉ុន្មាន... ?

نعز فام ناكم

ខ្ញុំមិនយល់

ناوئشه

បញ្ហា

نوئۇارباش!

ទិវាសួស្តី!

سپیۇدى باش!

អរុណសួស្តី

شەف باش!

រាត្រីសួស្តី!

خاتردئ ته

លាហើយ

نالى

ទិសដៅ

هوورموور

អវាន

چهنته

កាបូប

چهنته پشت

កាបូបស្ពាយក្រោយ

مەۇئان

ក្ញាប៉ៃ

نۈده

បន្ទប់

جامه خەو

ថង់ដេក

چادر

តង់

ناگاگیرین گەرۆکان

ព័ត៌មានទេសចរណ៍

رمخنێ ناڤین

ឆ្នេរ

کارتێ قەرزێ

កាតឥណទាន

تاشتنی

អាហារពេលព្រឹក

فراڤین

អាហារថ្ងៃត្រង់

شیڤ

អាហារពេលល្ងាច

کارت

សំបុត្រ

ئاسانسۆر

ជណ្ដើរយោយនន្ត

پوول

តែម

تخووب

ព្រំដែន

گومرک

គយ

بالیۆزخانه

ស្ថានទូត

ڤیزا

ទិដ្ឋាការ

پاسپۆرت

លិខិតឆ្លងដែន

گوهازتن

ការដឹកជញ្ជូន

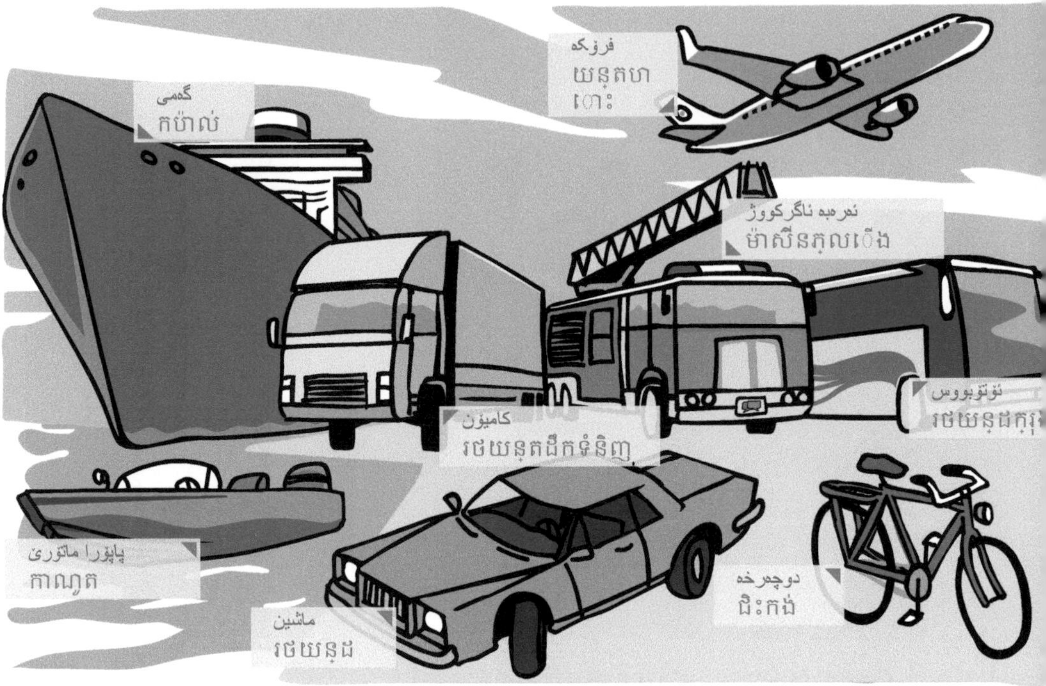

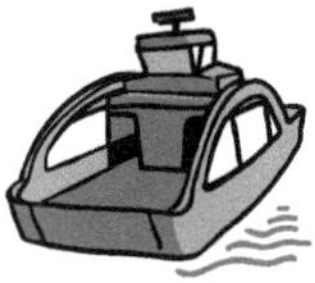

پاپۆر

សាឡាង

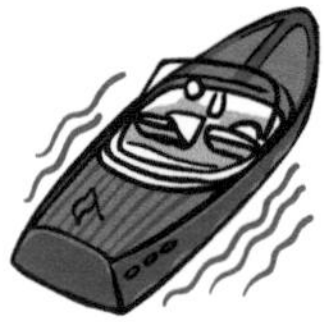

پاپۆر

ទូក

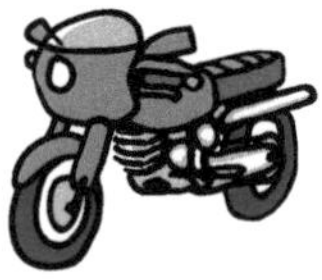

مۆتۆرسيكلێت

ម៉ូតូ

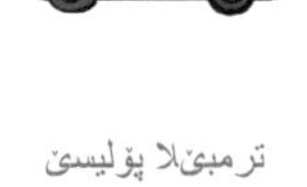

ترمبێلا پۆليسێ

រថយន្តប៉ូលិស

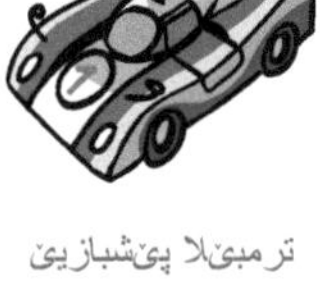

ترمبێلا پێشبازيێ

រថយន្តប្រណាំង

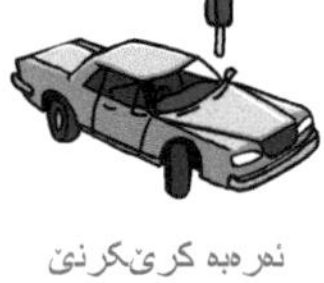

ئەرەبە كرێكرنێ

រថយន្តជួល

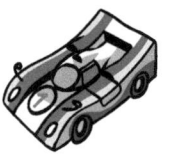

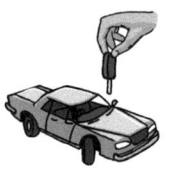

ماشین پخرفمکرن

ការតែលតែរថយន្ត

کامیۆنا کشاندنێ

ម្ចានសូទ្រ

کامیۆنا خولمی

ម្ចានបរម្មលសំរាម

مۆتۆرسیکلەت

ម៉ូតូ

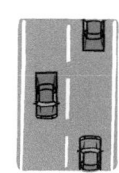

مازۆت

ប្រេងឥន្ធនៈ

ئیستەگەها بەنزینێ

ស្ថានីយប្រេង

تابلۆیا ترافیکێ

បលាកសញ្ញាចរាចរណ៍

هاتنوچوون

ការធ្វើចរាចរណ៍

ترافیک

កកស្ទះចរាចរណ៍

جهێ پاركێ

ចំណត

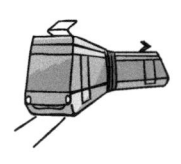

راوهستهکا ترێنێ

ស្ថានីយរថភ្លើង

رێچ

ផ្លូវដែក

ترێن

រថភ្លើង

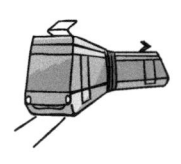

ترێنێ کۆلانێ

រថឥន្តគីសនី

ئهرهبه

ទូរថភ្លើង

بابرزک

ឧទ្ធម្ភាគចក្រ

بالافرگهه

ព្រលានយន្តហោះ

برج

ប៉ម

مسافر

អនកដំណើរ

قووتی

កុងតឺន័រ

قووتی

ករដាសកាតុង

گرگرۆزک

រទេះ

سەلک

កញ្ចប់

رابوون / نیشتن

ហោះឡ្បេវីង / ចុះ

بازار

ទីក្រុង

گوند

ភូមិ

ناۆهندا بازاری

កណ្តាលទីក្រុង

خانیی

ផ្ទះ

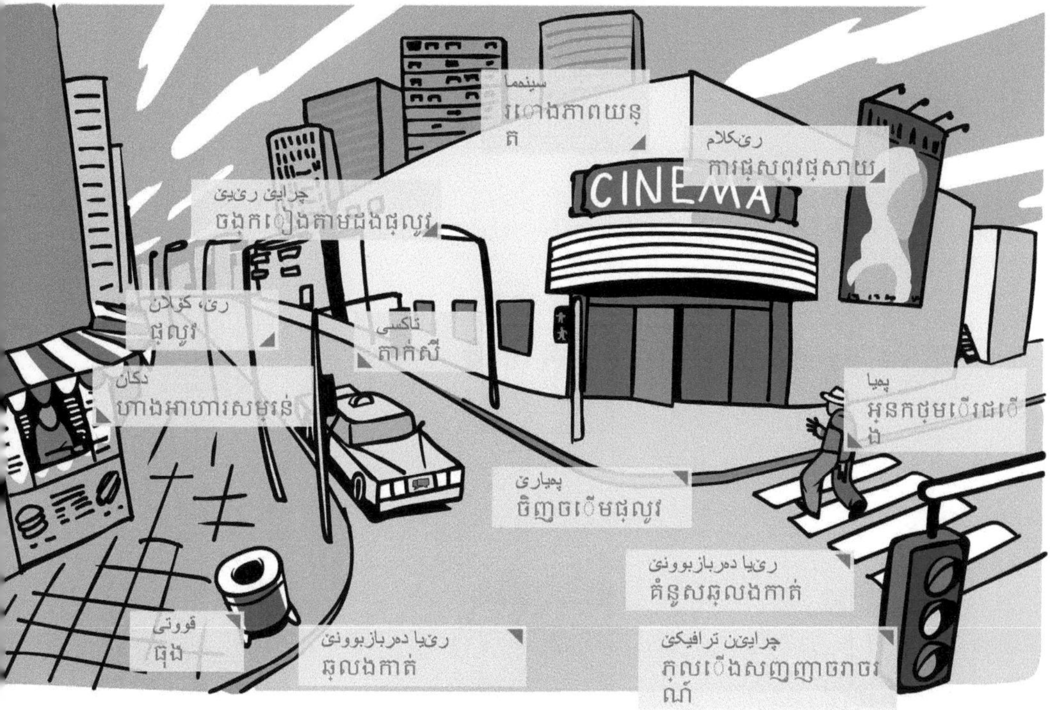

کۆخ

ខ្ទម

خانی

ផ្ទះ:ល្វែង

راوستمکا ترۍنی

ស្ថានីយ៍រថភ្លើង

تملارا شارۀفانی

សាលាក្រុង

موورمخانه

សារមន្ទីរ

دبستان

សាលារៀន

زانینگا

សាកលវិទ្យាល័យ

بانک

ធនាគារ

نمخوشخانه

មន្ទីរពេទ្យ

مۆڵگاانخانه

សណ្ឋាគារ

درمانخانه

ឱសថស្ថាន

ئۆفیس

ការិយាល័យ

کتێبفرۆشی

ហាងលក់សៀវភៅ

دکان

ហាង

گوڵفرۆش

ហាងផ្កា

بازار

ផ្សារទំនើប

بازار

ទីផ្សារ

سوپەرمارکەت

ហាងទំនិញ

ماسیفرۆش

ហាងលក់ត្រី

ناڤەندا کرین

មជ្ឈមណ្ឌលផ្សារទំនើ
ប

بەندەرم

កំពង់ផែ

پارک

ឧទ្យាន

سمکوو

បង្គោល

پر

ស្ពាន

دہرنجہ

ជណ្ដើរ

ژێر نهردی

ផ្លូវក្រោមដី

توننل

ផ្លូវរូងក្រោមដី

ئیستگەها ئۆتۆبووس

ចំណតរថយន្តក្រុង

بار

បារ

خوارنگەه

ភោជនីយដ្ឋាន

سندووقا پۆستێ

ប្រអប់សំបុត្រ

نیشاندەرکا ڕێیێ

សញ្ញាតាមដងផ្លូវ

مەترا پارکینگێ

ឧបករណ៍បូមួលផ្សិលថៃណែត

باخچا هەیوانان

សួនសត្វ

هەوزا مەلەڤانی

អាងហែលទឹក

مزگەفت

វិហារអ៊ីស្លាម

جۆتگەه

កសិដ្ឋាន

لەوتاندنا دەردۆر

ការបំពុល

گۆرستان

វាលកប់ខ្មោច

کەنیسە

ព្រះវិហារ

ئەردێ لەیستنێ

គ្រឿងរំអិលក្មេងលេង

پەرەستگەه

ប្រាសាទ

تەبیەت

ទេសភាព

گەلا
ស្លឹក
نیشاندەرکا رێ
សញ្ញាប្រាប់ទិសដៅ
رێ
ផ្លូវ
مێرگ
វាលស្មៅ
کەڤر
ដុំថ្ម
گەرۆک
អ្នកឡើងភ្នំ
دار
ដើមឈើ
چەم
ទន្លេ
گیا
ស្មៅ
کولیلک
ផ្កា

دۆل

ជ្រលងភ្នំ

گر

កូនភ្នំ

گۆل

បឹង

دارستان

ព្រៃឈើ

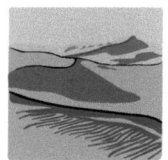

بەیابان

វាលខ្សាច់

ڤۆلکان

ភ្នំភ្លើង

کەلمە

តោកុប៉ី

کەسکەسۆر

ពណ៌ធនូ

کڤارک

ផ្សិត

دارقەسپ

ដើមត្នោត

مخمخک

មូស

مێش

រុយ

مۆری

ស្រមោច

هنگ

សត្វឃ្មុំ

پیری

ពីងពាង

كئۆزك

សត្វកញ្ចៅ

بەق

កង្កែប

سەهۆر

កំប្រុក

ژيژۆك

សត្វកាំបុរមា

كەرگۆھ

ទន្សាយសុលីក

پەپووك

សត្វមើមទុយ

چفێك

បក្សី

قوو

ហង្ស

بەرازێ كۆڤى

ជ្រូក

پەزكۆڤى

សត្វក្តាន់

پەزكۆڤى

សត្វក្តាន់

بەنداڤ

ទំនប់

توربينا با

កង្ហារខ្យល់

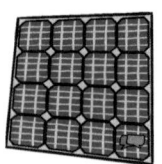

پانێلا خۆرى

បន្ទះស្វឡា

ناڤ و هەوا

អាកាសធាតុ

ភោជនីយដ្ឋាន

بەرکار
អ្នករត់តុ
پێشەک
មឺនុយ
کورسی
កៅអី
شۆربە
ស៊ុប
پیزا
ភីហ្សា
چەتەل و چەمچک
កាំបិត
سفرە
កម្រាលតុ

خوارنا دەستپێک
អាហារសម្រន់

خوارنا سەرەکی
អាហារសំខាន់

شێرانی
បង្អែម

ڤەخوارنان
ភេសជ្ជៈ

خوارن
អាហារ

جام
ដប

خوارنا لەز

អាហារហ័ស

خوارنا رێیی

អាហារតាមផ្លូវ

چایدانک

ប៉ាន់តែ

قووتی شەکری

ប្រអប់ស្ករ

بەش

ចំណែក

مەکینا چێکرنی ئەسپرەسسۆ

ម៉ាស៊ីនតុកកាហ្វវើឥតស្ករ
ស្ករ

كورسیا بلیند

កៅអីខ្ពស់

هەساب

វិក្កយបត្រ

سینی

ថាស

كێر

កាំបិត

چەتەل

សម

كەفچی

ស្លាបព្រា

كەفچیا چای

ស្លាបព្រាតូចកាហ្វេ

پێشگیر

កន្សែងជូតខ្លួន

قەدەحە

កែវ

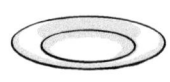

تەبسیک

ចានទាប

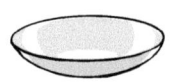

تەبسیکا شۆڕبە

ចានស៊ុប

پیاڵە

ចានទូរនាប់

چۆنج

ទឹកជ្រលក់

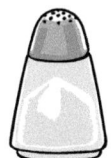

خوێدانک

ដបអំបិល

قووتی بیبار

បរដាប់កិនម្រេច

سرکە

ទឹកខ្មេះ

ڕوون

ប្រេង

بەهارات

គ្រឿងទេស

کەتچاپ

ទឹកប៉េងប៉ោះ

موستارد

ម៉្តាក

مایۆنێز

ទឹកមយ៉ូណា

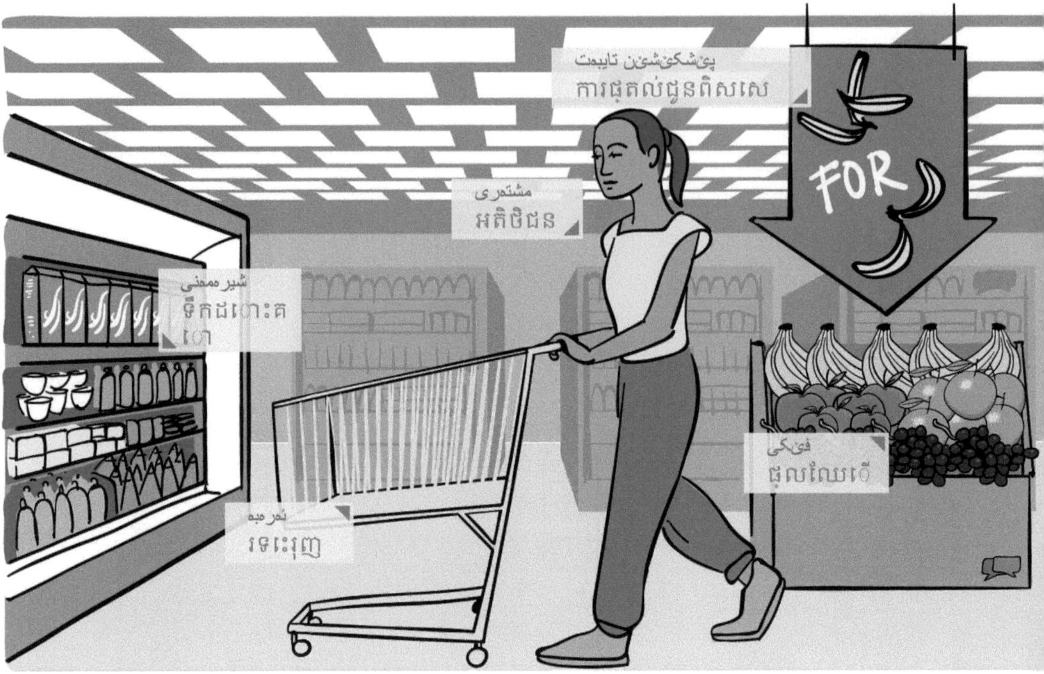

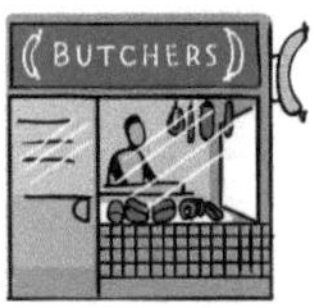

قەسابی

ហាងកាប់ជ្រូក

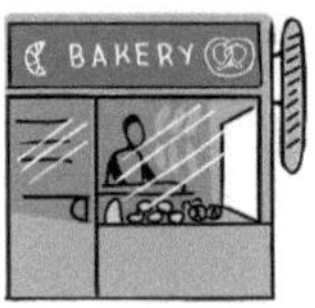

دکانا نانپێژ

ហាងដុតនំ

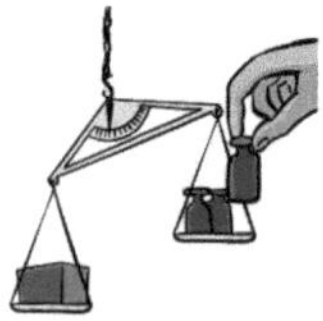

وەزن کرن

ថ្លឹង

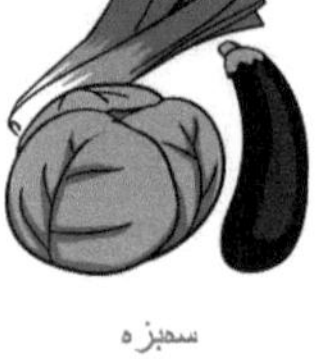

سەبزە

បន្លែ

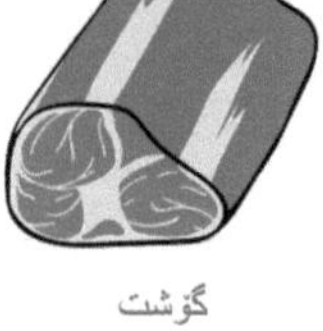

گۆشت

សាច់

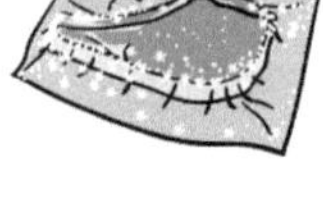

خوارنێ جەمەدی

អាហារក្លាស្សេ

گۆشتنی سار

សាច់កុលាសរ

خوارنا پیلی

អាហារកំប៉ុង

خوباری پاقژکرنی

មុសពេលាង

شرینی

សុអរគុរប់

بەرهەمێن ناڤخوەیی

ផលិតផលក្នុងគ្រួសារ

بەرهەمێن پاقژکرنی

ផលិតផលសមុអាត

فرۆشیار

អ្នកលក់

خەزنۆک

ថតដាក់លុយ

درافگر

បេឡា

لیستا کرینی

បញ្ជីទិញទំនិញ

دەمێن ڤەکری

ម៉ោងធ្វើការ

جزدان

កាប្បូបលុយបុរស

کارتێ قەرزی

កាតឥណទាន

جەوال

ថង់

جەنتە

ថង់ប្លាសុទិច

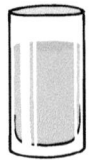

ئاف

ទឹក

شەربەت

ទឹកផ្លែឈើ

شیر

ទឹកដោះគោ

کۆمەر

កូកាកូឡា

شەراب

ស្រា

بییرا

ស្រាបៀរ

ئالکۆل

គ្រឿងស្រវឹង

کاکوۆ

កាកាវ

چای

តែ

قەهوە

កាហ្វេ

ئەسپرەسسۆ

កាហ្វេអ៊ិចស្ព្រេស្សូ

کاپوۆچینۆ

កាហ្វេកាពូឈីណូ

موز

ចេក

سێڤ

ផ្លែប៉ោម

پرتەقاڵی

ផ្លែក្រូច

گونددۆر

ឪឡឹក

لیمۆن

ក្រូចឆ្មា

گێزەر

ការ៉ុត

سیر

ខ្ទឹម

قامر

ឬស្សី

پیڤاز

ខ្ទឹមបារាំង

قارچک

ផ្សិត

گەویز

គ្រាប់ផ្លែឈើ

شهیره

ម៉ី

سپاگێتی

ម៉ីអ៊ីតាល់

برنج

ហយ

سەلەتە

សាឡាត់

چیپس

ដំឡូងចៀន

پەتەتەیا براشتی

ដំឡូងចៀន

پیزا

ភីហ្សា

هامبورگەر

បឺហ្គឺ

نانۆک

សាំងវិច

گۆشتی ستوویی بەرخی

សាច់ជាប់ឆ្អឹងជំនី

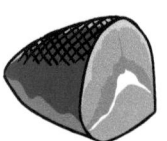

گۆشتی هشككری

ហាំ

سالامی

សាឡាមី

سۆسیس

សាច់ក្រក

مریشک

សាច់មាន់

بۆارتن

អាំង

ماسی

ត្រី

شۆربه بلوول

អាវ៉ែនបបរ

موسلی

មុយស៉្លី

كەرتۆین گلگلان

ដំឡូងចំណិត

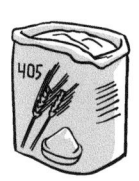

نارد

មុសរៅ

جرۆسسانت

នំគ្រួសង់

سەموون

នំបុ័ងមយ៉ាងមូលតួចៗ

نان

នំបុ័ង

تۆست

អាំង

نانک

នំប៉័សគី

نەڤیشک

ប៊ឺរ

ماست

ទឹកដោះខាប់

كولیچه

នំខេក

هێلک

ស៉ុត

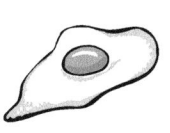

هێلکا قەلاندى

ស៉ុតចៀ្រន

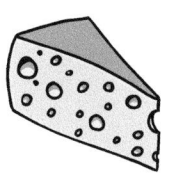

پەنیر

ឈីស

دوندرمه

ការ៉េម

شەکر

ស្ករ

هنگڤ

ទឹកឃ្មុំ

مرەبا

ជាំណាប់

خامەیا نۆوگات

គ្រឿម៉ែតាំងម៉ៃ

کوری

ការី

خانهٔ چەولگا
ផ្ទះ:កុនុងកសិដ្ឋាន

تەپکا پووشی
ខសៃចងធមបរេ៉ង

کادین
ជជ្រុក

زەمنی
វាលស្រែ

هسپ
សេះ

کاروان
រេសណ្ឋជ
ទេង

تراکتور
ត្រាក់ទ័រ

جانی
កូនសេះ

کەر
សត្វលា

بەرخ
កូនចេៀម

بەران
សត្វចេៀម

بزن
ពពែ

چێلمک
គេ!ាញ៊ី

گوٚلک
កូនគេ!ា

بەراز
ជជ្រុក

خنزیرک
កូនជជ្រុក

بۆخە
គេ!ាឈ្មេ!ាល

قاز

សត្វក្ងាន

مراڤى

ទា

جووچک

កូនមាន់

مریشک

មមាន់

کەلەشێر

មាន់ឈ្មោល

جرج

កណ្ដុរ

کتک

ឆ្មា

مشک

កណ្ដុរប្រែមេះ

گا

គោឈ្មោល

کووچک

ឆ្កែ

خانیا کووچکێ

ផ្ទះឆ្កែ

خانی باخێن

បំពង់រោចទឹក

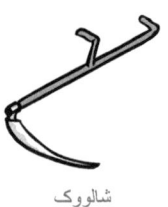

قووتیکا ناڤدانێ

ធុងស្រោចទឹក

شالووک

ខូរប៉ែក

گاسن

នង្គ័ល

داس
កណ្ដៀវ

مهربیژر
ចបកាប់

دارسپک
រនាស់

بۆر
ពូថៅ

دستگره
រទេះរុញ

قووتی خوارنا جانداران
ស្នូក

قووتی شیر
កំប៉ុងទឹកដោះគោ

توور
ហារ

چپهر
របង

ناخور
កូរពោល

خانا کولیلکان
ផ្ទះកញ្ចក់

ناخ
ដី

دهندک
គ្រាប់ពូជ

پهین
ជី

کۆمباین
ម៉ាស៊ីនច្រូតកាត់ផល

زاد

បុរមូលផល

زاد

ការបូរមូលផល

بطاطة

ដំឡូងជួក

گندم

សូរុវសាលី

فاصولى

សណ្តែកសៀង

بطاطة

ដំឡូងជួក

دخل

ពោត

دندك

គុម្ពប់បុរងេវ៉ិបៃ

دارى فنكى

ដេើមឈេីហ្វូបផ្លេវ៉ៃ

سنبلة بن نهردى

ដំឡូងម៉ី

زاد

ធញ្ញជាតិ

កសិដ្ឋាន - جزتگمه

کولمک
បំពង់ផ្សែង

باتی
ដំបូល

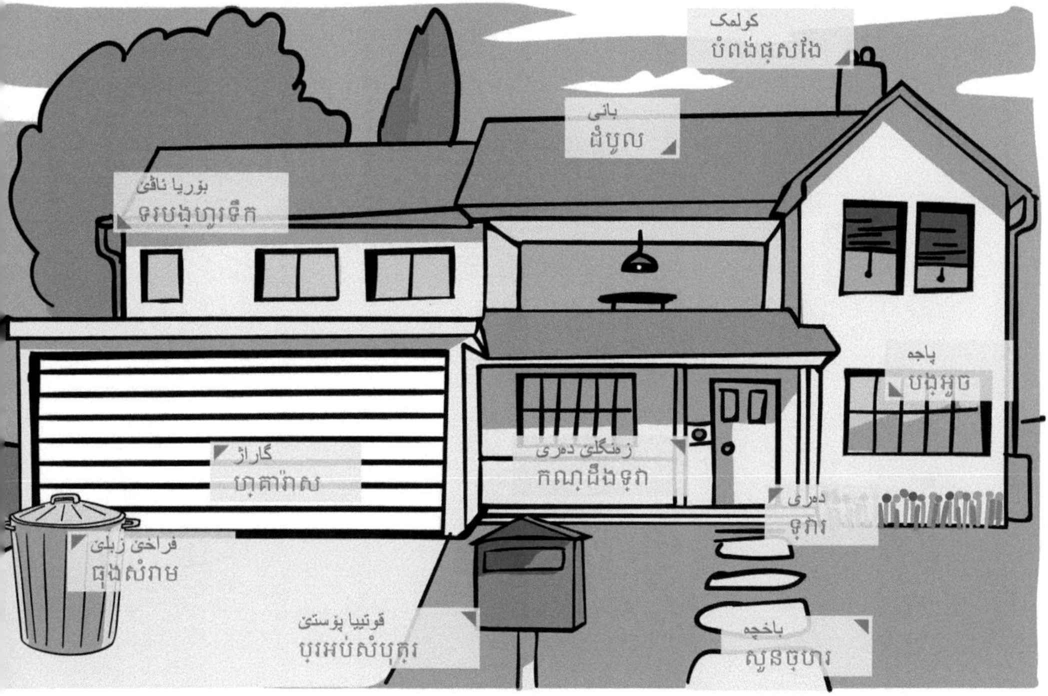

بۆریا ناڤی
ទូរបង្ហូរទឹក

پاجە
បង្អួច

گاراژ
ហ្គារ៉ាស

ژمەرگەئی دەرگا
កណ្ដឹងទ្វារ

دەرگا
ទ្វារ

فراخی زبلی
ធុងសំរាម

قوتییا پۆستی
ប្រអប់សំបុត្រ

باخچە
សួនច្បារ

نۆدا رووونشتنی

បន្ទប់ទទួលភ្ញៀវ

حەمام

បន្ទប់ទឹក

مەتبەخ

ផ្ទះបាយ

نۆدا خەوی

បន្ទប់គេង

نۆدیا زارۆک

បន្ទប់របស់កុមារ

نۆدا شینی

បន្ទប់ទទួលទានអាហារ

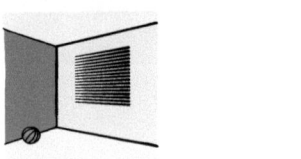		
بنی	دیوار	بحربان
ជាន់	ជញ្ជាំង	ពិដាន
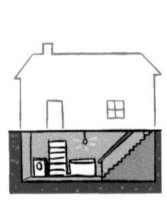		
خفنزک	ساونا	بالکۆن
បន្ទប់ក្រោមដី	សូណា	យ៉រ

بحردانک	هووزا ملحۋانی	چیممن بر
ផ្ទៃរាបស្មើនៅជម្រាលក្នុំ	អាងហាលទឹក	ម៉ាស៊ីនកាត់ស្មៅ
		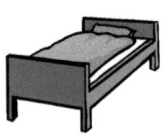
مملهەففه	بەتانی	نڤین
សន្លឹក	កម្រាលគ្រែវែកេ	គ្រែ

گزک	ساتڵ	کلیل
អំបោស	ធុង	កុងតាក់

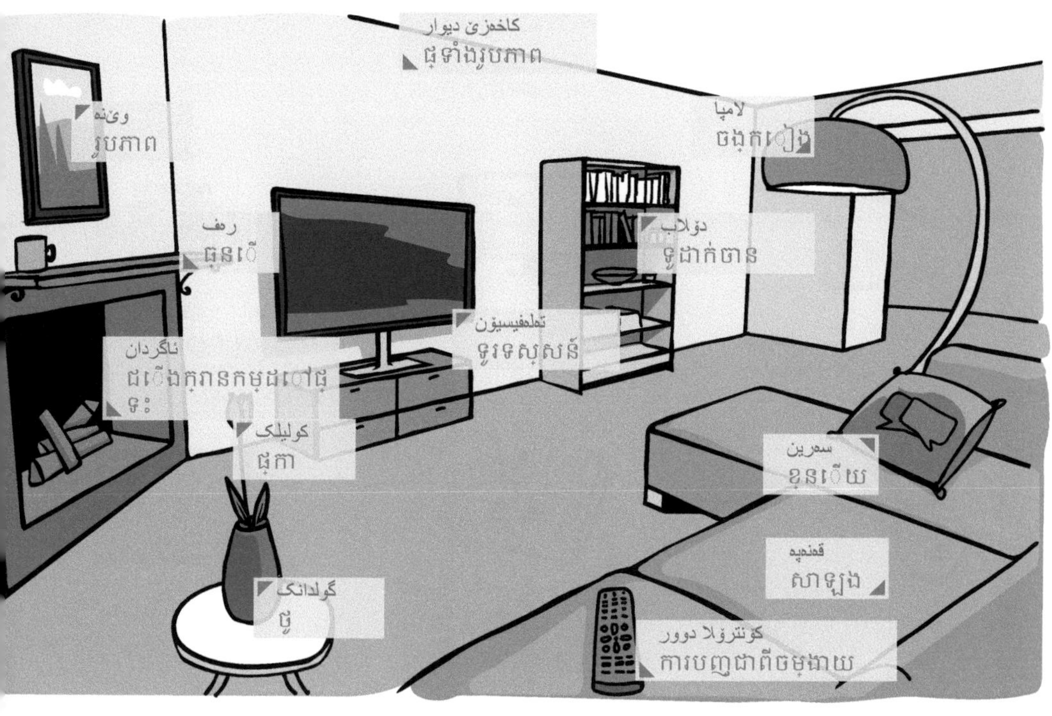

كاخمزئ ديوار / ផ្ទាំងរូបភាព

لامپا / ចង្កៀង

وئزئه / រូបភាព

دۇلاب / ទូដាក់ចាន

رەف / ធ្នើរ

تەلەفىسىيون / ទូរទស្សន៍

ناگردان / ជើងកុរានកម្ដៅភ្លើង ៖

كوليلك / ផ្កា

سمەرين / ខ្នើយ

قەنەپه / សាឡុង

گۇلدانىك / ថូ

كونترۆلا دوور / ការបញ្ជាពីចម្ងាយ

خاليچه

កម្រាលព្រំ

پەردە

វាំងនន

مێز

តុ

كورسى

កៅអី

كورسيا هەژانۆك

កៅអីបា៉ក់ប៉ោក

كورسى

កៅអីភ្នាក់ដៃ

پرتووک

សៀវភៅ

بەتانی

ភួយ

خەملاندن

ការតុបតែង

ئۆزنگ

អុសដុត

فیلم

ខ្សែភាពយន្ត

هـف

ឧបករណ៍ Hi-Fi

کلیل

កូនសោ

رۆژنامه

កាសែត

نیگار

គំនូរ

پۆستەر

ផ្ទាំងរូបភាព

رادیۆ

វិទ្យុ

دەفتەر

ណូតផតេ

سفێنکا نەلەمکتریکی

ម៉ាស៊ីនបូមធូលី

کاکتووس

ដំបងយក្ស

مۆم

ទៀន

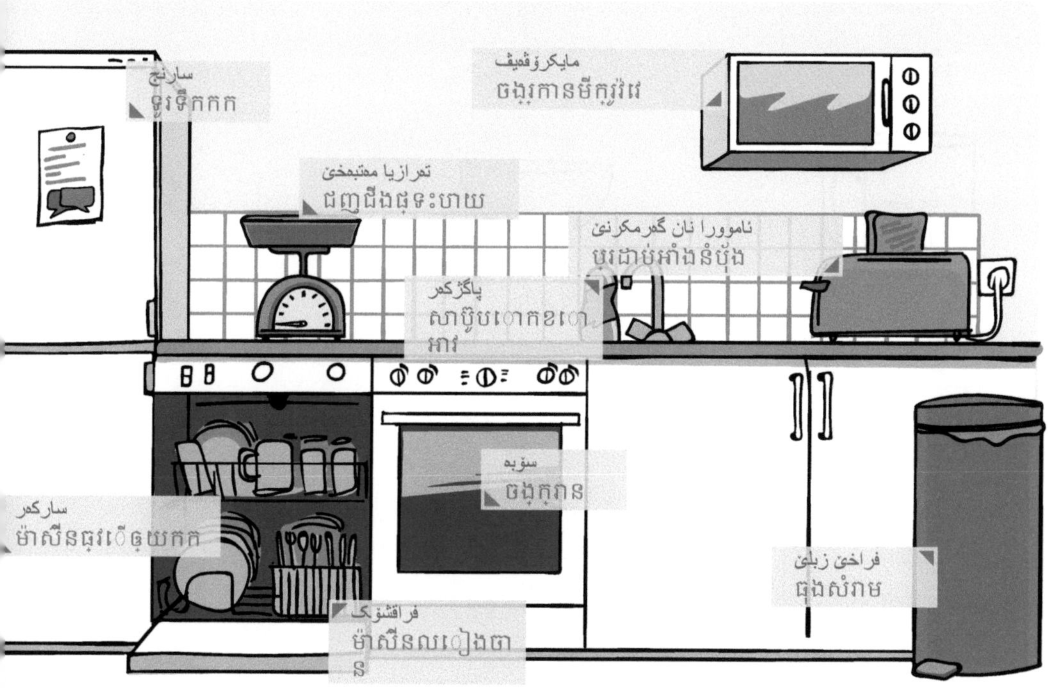
سارنج
ទូរទឹកកក
مایکرۆڤەیڤ
ចង្រ្កានមីក្រូវ៉េវ
تەرازیا مەتبەخێ
ជញ្ជីងផ្ទះបាយ
ناموورا نان گەرمکرنێ
ប្រដាប់អាំងនំប៉័ង
پاگژکەر
សាប៊ូបោកខោអាវ
سۆبە
ចង្ក្រាន
سارکەر
ម៉ាស៊ីនធ្វើទឹកកក
فراخێ زبلێ
ធុងសំរាម
فراقشۆک
ម៉ាស៊ីនលាងចាន

سۆبە
ចង្ក្រាន

ئامان
ឆ្នាំង

ئامانێ نووتوو
ឆ្នាំងដែក

فراقێ مەزن
ខ្ទះ / ខ្ទះឥណ្ឌា

دیزک
ខ្ទះ

کەلینک
កំសៀវ

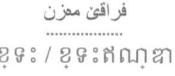

فراقئ هلمئ

ថ្នាំងចំហុយ

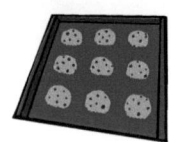

سینی نانئ

ចានដុតនំ

فراق

គ្រឿងចានឆ្នាំងដ៏

پیاله

ថូ

کاسک

ចានគោម

دارئ نانخوارن

ចង្កឹះ

هسسک

វែកសមុល

کفڅیا مهزن

វែកគ្រ

رینمک

ប្រដាប់វាយពងមាន់ឱ្យរេក

کفڅگیر

តម្រង

بهژنگ

កន្ត្រង

رئشکمر

ប្រដាប់កោសសូង

دهستار

ត្បាល់

براشتن

ការអាំងសាច់

ناگرئ څالا

ចង្ក្រានដំ

تمختەیا بڕینی

ជ្រញ់

داركێ تیری

ប្រដាប់កិនម្សៅ

دەفک بادەک

ប្រដាប់មួរបើកឆ្នុកសុរា

قووتى

កំប៉ុង

قووتیئەکر

ប្រដាប់បើកកំប៉ុង

جاوئ نامانان

ករណាត់ទ្រាប់ឆ្នាំង

دەسشۆ

កន្លែងលាងចាន

فرچە

ជក់

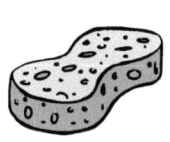

پارازوا

អេប៉ុង

تەفدێرە

ម៉ាស៊ីនកូរទ្បែក

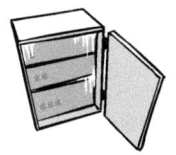

ساركرێ جەمەدی

ទូរទឹកកកខ្នាតតូច

شووشە بەبکان

ដបទឹកដោះគោ

ھەندفى

រ៉ូប៊ីណេ

ھەمام
បន្ទប់ទឹក

گەرمژانک
កម្ដៅ
دووش
ផ្កាឈូក
خاولی
កន្សែង
پەردەیا ھەمامێ
វាំងននងូតទឹកផ្កាឈូក
کەفێ ھەمام
ការងូតទឹកពពុះ
ھەوزا ھەمام
អាងងូតទឹក
قەدەھە
កែវ
جلشۆک
ម៉ាស៊ីនបោកគក់
ئاجوور
ក្រឡាក្បឿង
ھەنەفی
រ៉ូប៊ីណេ
توالەتا زارۆکان
ចានបង្គន់
دەستشۆ
កន្លែងលាងចាន

توالەت

បង្គន់

توالەتا ئەردێ

បង្គន់អង្គុយ

توالەت

ផើងជម្រះកាយ

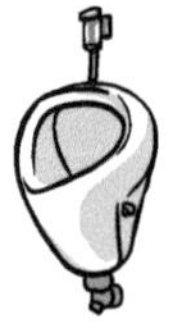

ئاڤدەستخانا مێران

ក្លាំទឹកនោម

کاخەزا توالەت

ក្រដាសបង្គន់

فرشەیا توالەت

ច្រាសដុសបង្គន់ន

فرچهٔ دندان

ច្រាសដុសធ្មេញ

ممخوونا دران

ថ្នាំដុសធ្មេញ

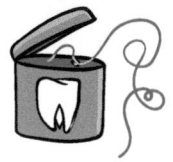

نخ دندان

ខ្សែទាក់សម្អាតធ្មេញ

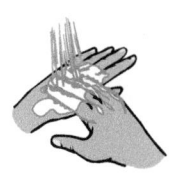

شووشتن

លាង

دووش دستی

ប្រដាប់ដាក់ដៃផ្កាឈូក

دووش

ទឹកថ្នាំសម្រាប់បាញ់លាង

دستشؤ

អាង

فرچا پشت

ច្រាសដុសខ្នង

سابوون

សាប៊ូ

جۆلێ همام

សម្រាប់ងូតទឹកផ្កាឈូក

شامپۆ

សាប៊ូ

فانێله

សក្លាត

زێراب

បំពង់បង្ហូរទឹក

کرێم

ក្រែម

بۆهن خوشکر

ថ្នាំបំហាត់ក្លិនអាក្រក់

مرێنک

កញ្ចក់

مرێنگا دەستێ

កញ្ចក់ដៃ

گووزان

ប្រដាប់កោរ

کەفێ تەراشینێ

ហ្រ្វមកោរពុកមាត់

مەجوونا پشتی تەراشینێ

ទឹកលាងករកោរពុកម
ាត់រួច

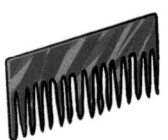

شمه

ក្រវាស

فرچه

ជក់

پۆڕ هیشککر

ប្រដាប់សម្ងួតសក់

سپرایا پۆری

ស្ពុវាយបាញ់សក់

کۆزمەتیک

ការតុបតែងមុខ

سۆرافک

ក្រមែលាបមាត់

رەنگێ نینۆک

ថ្នាំលាបក្រចក

پۆمبوو

រលោមកបុមាស

مەقەستا نینۆک

កន្ត្រៃកាត់ក្រចក

پارفووم

ទឹកអប់

چمدان آرایش

កាបូបបរិក្ខារតុបតែង

کورسیا بی‌پشت

លាមក

ترازی

ជញ្ជីងថ្លឹងទម្ងន់

کنجا حمام

អាវពាក់ងូតទឹក

دستکش لاستیکی

ស្រោមដៃកៅស៊ូ

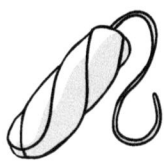

تامپون

ធ្នុក

حاوله پاقدر کردنی

កន្សែងអនាម័យ

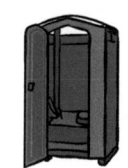

توالتا کیمییووی

បង្គន់គីមី

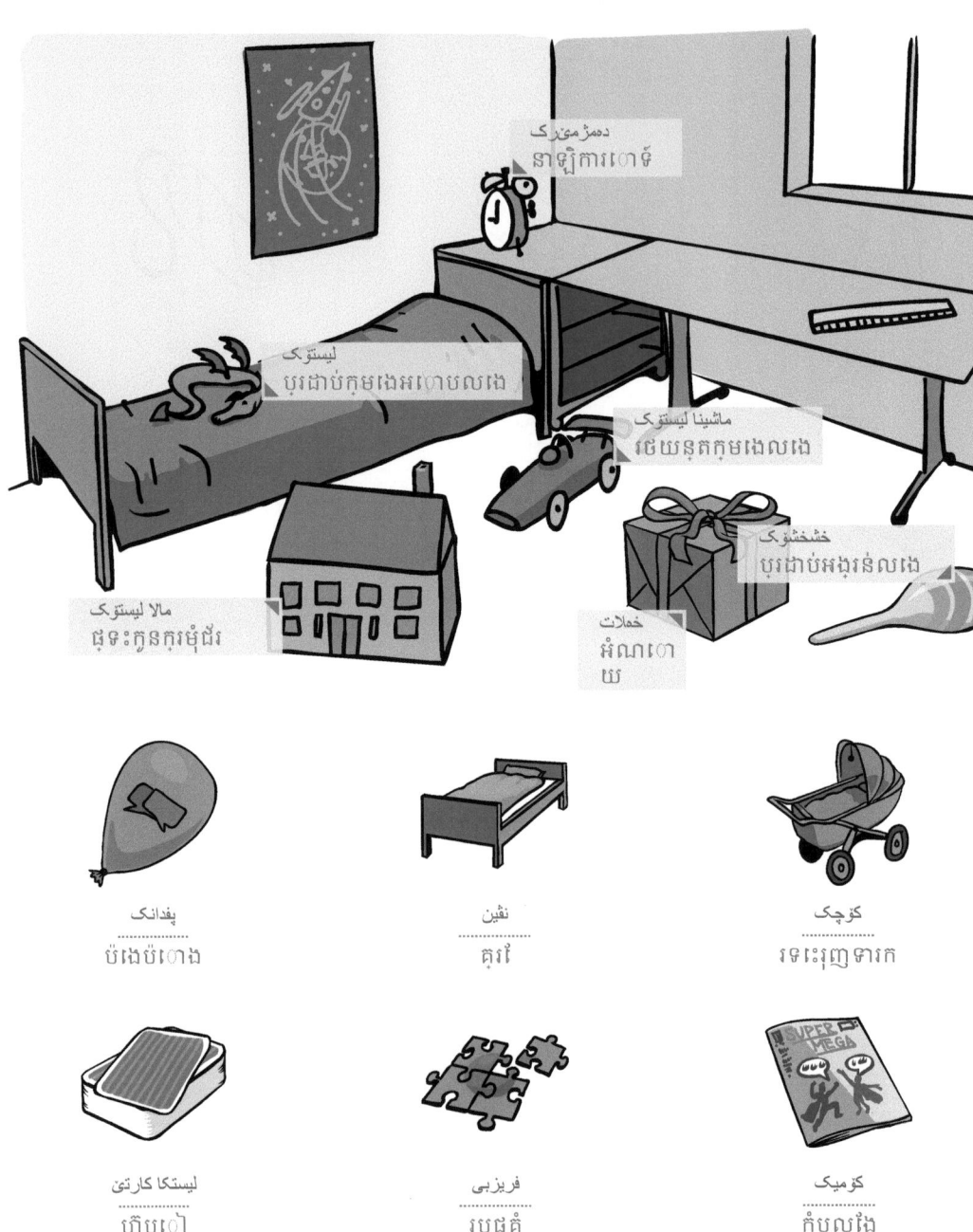

دەمژمێرک
នាឡិកាtរោទ៍

لیستۆک
បរដាប់កុមេងអ្ាបលេង

ماشینا لیستۆک
ចេយនុតកុមេងលេង

خشخشۆک
បរដាប់អង្រន់លេង

خەلات
អំណោt
យ

مالا لیستۆک
ផ្ទះកុនក្រមុំដ៏ı

پفدانک
ប៉ងប៉ោង

نشین
គ្រេ

کۆچک
tទ:ឪ្ញទារក

لیستكا کارتۆ
ហ្ឋបt្ម

فریزبی
រូបផ្គុំ

کۆمیک
កំបុលtង

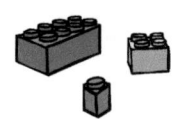

ناجوورا لێگۆ

កំផ្លេ Lego

ناجوورا لیستوک

បុលុកបុរដោបកុមវេងលេង

بووكه شووشه

គូលខេសកម្មភាព

كنجا بەبكان

ខោអាវទារក

فرزبى

ការគប់ចាស

فدگو هستن

ទូរសីព្ទទជើ

لیستكۆن تەمختە

កុតារលេបង

مۆر

គ្រាប់ឡូកឡាក់

مۆدنلا ترىنى

ឈុតចេភុលេ ៍ងគ័រ

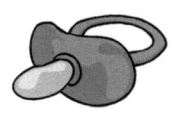

مەمك

រូបស់ណាក

جۆژن

គណាបកស

كتۆنبا وىنه

សរៀវភៅរូបភាព

توپ

ហាល់

بووكه شووشه

កូនក្របម៉ុតុកុតា

لهيستن

លង

کونا خیزی
រណ្ដៅលេងខ្សាច់

جۆلانه
ទោង

لیستوکان
ប្រដាប់កុមជេងលេង

لیستكا ڤیدەۆیی
កុងសូលវីដេអូហ្គេម

سێچمرخه
គ្រីចក្រយានយន្ត

هرچا لیستوک
តុក្កតាខ្លាឃ្មុំ

جلدانک
ទូខោអាវ

گۆره
ស្រោមជើង

گۆره
ស្រោមជើងវែង

دەرپێگۆری
ខោទ្រនាប់នារី

شال
កូរម៉ា

چتر
ឆត្រ

كراس
អាវយឺត

قايش
សក្តៃរវាត់

شمكال
ស្បែកជេីងករវា\
ង

سۆلكئ ناف مالئ
ស្បែកជេីងៗៗនាៗ\
ៈ

سۆلك
ស្បែកជេីងហ៊ាតា

سۆلك
ស្បែកជេីងសង្ករៃ

سۆل
ស្បែកជេីង

پۆتینا چرمرئ
ស្បែកជេីងករៃងកៅស្ៈ

پانتۆلئ ژیئر
ខោទ្វេនាប់បុរស

پئ سیر بهند
អាវទ្វេនាប់

چمكبهند
អាវកាក់

جسندمک

រងកាយ

پانتۆل

ខោទារដែង

ژﻩﻣﺎﺱ

ខោខ្លីបិយ

دامان

សំពត់

كراس

អាវក្ដៅ

كراس

អាវ

فانیۈله

អាវយឺត

فانیۈله

អាវយឺត

جاكۆت

អាវធំ

ساكو

អាវក្ដៅ

چاكۆت

អាវធំ

بارانی

អាវក្ដឡ្យជៀង

لهباس

គួរជៀងតដែង

فیستان

អាវដែង

جلۈئ داوهتئ

សំលជៀកបំពាក់អាកាហ៍ពិពា
ហ៍

چاکیت
ខោអាវឈុត

پوۇجامه
រ៉ូបរ៉ាត្រី

پوۇجامه
ឈុតគេង

ساری
សារី

لەچەک
កន្សែងជួតក្បាល

مەزەر
ឆ្នួត

هىجرام
សុបម៉ែខ

كافتان
kaftan

عەبا
abaya

كنجا ئاژ نەیكرن
ឈុតហាលេទឹក

جلكا مەلەڤانى
ខោខ្លី

شۆرت
ខោខ្លី

جلا هەیفەرزكارى
ឈុតហាត់កីឡា

پوۇشمال
អាវអៀម

لەپک
ស្រោមដៃ

دووگمه

ឡូយអេវ

عەینەک

វ៉ែនតា

بازن

ខ្សែដៃ

گەردەنی

ខ្សែក

گوستیل

ចិញ្ចៀន

گوهارک

កុរិល

دەڤک

មួក

هەلاوسنتەک

បរដាប់ព្យួរអាវក្រៅទៅ

کووم

មួក

کراوات

ក្រវាត់ក

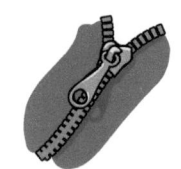

زیپ

រូត

سەرپارێز

មួកសុវត្ថិភាព

دەرزی

ខ្សៃ

کنجا دبستانی

ឯកសណ្ឋានសាលា

یونیفۆرم

ឯកសណ្ឋាន

بەردلک

អៀមទារក

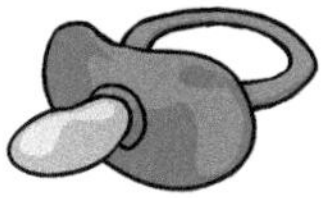

مەمک

រូបសំណាក

پونداخ

ខោទឹកនោម

ئۆفیس
ការិយាល័យ

پێشکەشکەر
ម៉ាស៊ីនមេ
دۆلابێ بەلگە
ទូឯកសារ
کاغەز
ក្រដាស
چاپەر
ម៉ាស៊ីនបោះពុម្ព
نیشاندەر
ម៉ូនីទ័រ
مشک
កណ្ដុរ
ماسە
តុការិយាល័យ
دەفتەر
ស៊ីឌី
کلاڤیە
ក្ដារចុច
سەبەتا کاغەزی
កន្ត្រកដាក់សំរាមក្រដាស
کۆمپیوتەر
កុំព្យូទ័រ
کورسی
កៅអី

کاسکا قەهوە

កែវកាហ្វេ

هەسابکەر

ម៉ាស៊ីនគិតលេខ

ئینتەرنەت

អ៊ីនធឺណិត

كۆمپيوتەرا لاپتوپ

កុំព្យូទ័រយួរដៃ

نامە

លិខិត

پەیام

សារ

تەلەفۆنا مۆبيل

ទូរស័ព្ទដៃ

تۆر

បណ្ដាញ

مەكينا فۆتۆكۆپيى

ម៉ាស៊ីនថតចម្លង

سۆفتوارە

ស្វហ្វរវ៉ែ

تەلەفۆن

ទូរស័ព្ទ

سۆككەتا فيشمك

នុទធជោគ

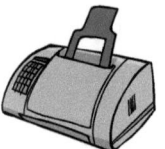

مەكينا فاخنى

ម៉ាស៊ីនទូរសារ

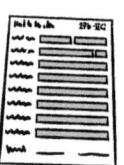

فۆرم

ទម្រង់បែបបទ

بەلگە

ឯកសារ

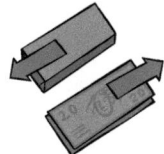

كرين

ទិញ

پهره دان

បង់ប្រាក់

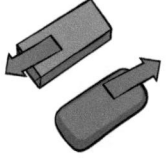

بازرگانى

ធ្វើជំនួញ

پهره

លុយ

دۆللار

ប្រាក់ដុល្លារ

يۇرو

ប្រាក់អឺរ៉ូ

يهننى ژاپۇنى

ប្រាក់យ៉េន

رۇبلى رووسى

ប្រាក់រ៉ូបិល

فرانكى سويىسى

ហ្វ្រង់ស្វីស

يوانى چىنى

ប្រាក់យ៉ន

رووپى هندى

ប្រាក់រូពី

ممكينا ژخوەبمرا داراف

កន្លែងបេរ៉ើសាច់ប្រាក់

نوفیسا پهره فمگوهارتنی

ការិយាល័យបូតូរបូរាក់

زۀر

មាស

زیڤ

ប្រាក់

نفت

ប្រេង

وزه

ថាមពល

بها

តម្លៃ

پهیمان

កិច្ចសន្យា

تاخ

ពន្ធ

سهمام

ភាគហ៊ុន

كاركرن

ធ្វើការ

كاركر

បុគ្គលិក

كاردا

និយោជក

فابریکا

រោងចក្រ

دكان

ហាង

پۆلیس
មន្ត្រីប៉ូលិស

ئاگرکوژ
អនកពន្លត់អគ្គិភ័យ

فرۆکەڤان
អនកបើកយន្តហោះ

ژیشک
វេជ្ជបណ្ឌិត

ئاشپاز
ចុងភៅ

باخچەڤان
អនកថែស្វន

نەجار
ជាងឈើ

دروونگەر
ជាងកាត់ដេរ

هاکم
ចៅក្រម

شیمیازان
គីមីវិទ្យ

شانۆگەر
តួកន

شوفێری باسێ

អ្នកបើកឡានក្រុង

شوفێرەکی تاکسیێ

អ្នកបើកតាក់ស៊ី

ماسیگرێان

អ្នកនេសាទ

پاکژکەر

សុត្រីអ្នកសមុអាត

چنگرێی بانی

ជាងដំបូល

بەرکار

អ្នករត់តុ

نێچرڤان

អ្នកបរបាញ់សត្វ

رەشنگرێس

វិចិត្រករ

نانپوژ

អ្នកដុតនំ

کارەباڤان

ជាងអគ្គីសនី

ناڤاکەر

ជាងសំណង់

نەمندەزیار

វិស្វករ

قەساب

អ្នកកាប់សាច់

لوولەمکار

ជាងជួសជុលទុយពោរទឹក

پۆستەڤان

អ្នករតសំបុត្រ

نسکر

ទាហាន

میمار

ស្ថាបត្យករ

درافگر

បេឡា

فروتکارا چیچمکان

អ្នកលក់ផ្កា

پۆرچىکمر

អ្នកអ៊ិតសក់

نامەوۆۆان

អ្នកយកលុយ

ممکانیک

ជាងម៉ាស៊ីន

کمشتیفان

កាពីទៃន

پزیشکا ددانان

ពេទ្យធ្មេញ

زانستیار

អ្នកវិទ្យាសាស្ត្រ

رووهان

គ្រូបង្រៀនច្បាប់សញ្ញាជាតិ
ជ៍ហ៊ូ

نیمام

លោកសង្ឃយាចាម

کمشه

ព្រះសង្ឃយ

بطورجیت

کشیش

បព្វជិត

ئامووران
ឧបករណ៍

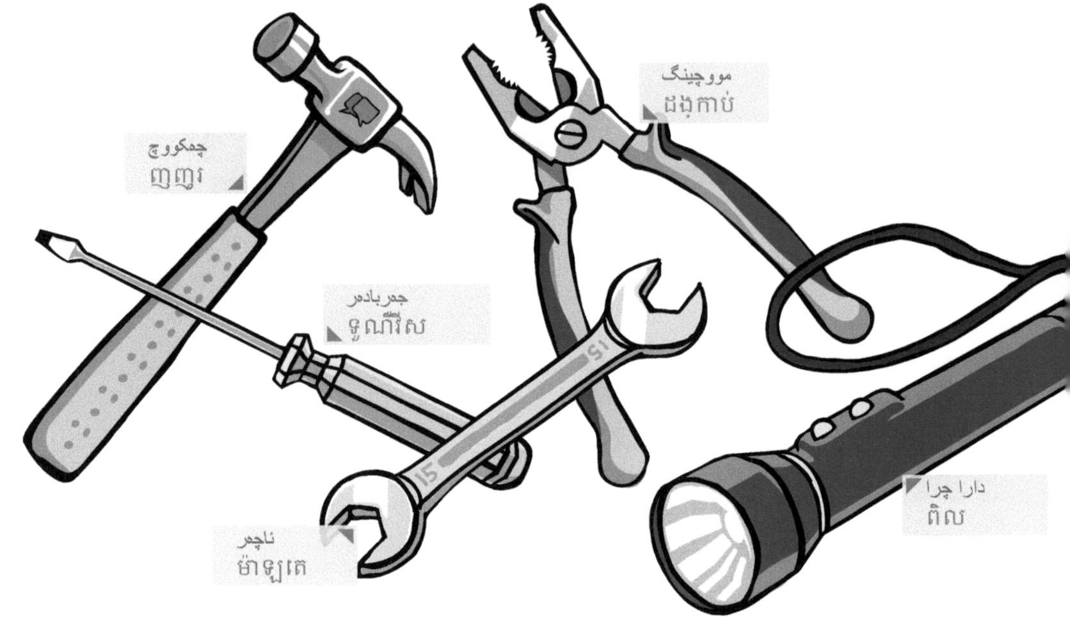

چەکووچ
ញញួរ
جەربادەر
ទួណឺវីស
مووچینگ
ដង្កាប់
ئاچەر
ម៉ាឡេត
دارا چرا
ពិល

شۆفەل
ម៉ាស៊ីនជីក

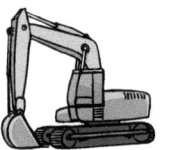

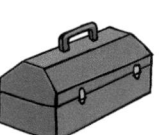

قووتیا ئامووران
ប្រអប់ឧបករណ៍

پەیژە
ជណ្តើរ

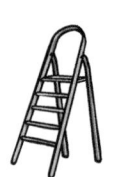

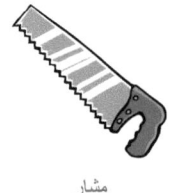

مشار
រណារ

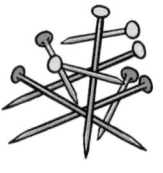

میخ
ដែកគោល

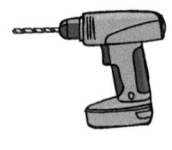

قولکرن
ប្រដាប់ស្វាន

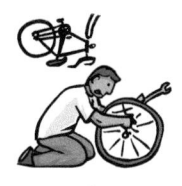

چێکرن

ជួសជុល

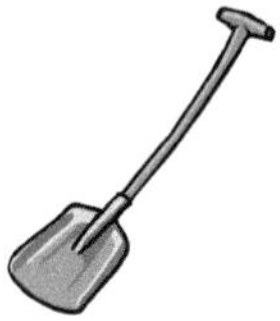

مەربێر

ប៉ែល

نالەت!

ចង្រៃ!

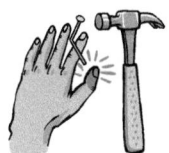

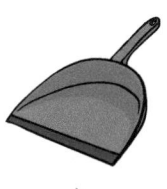

بێل

ប្រដាប់ចូកធូលី

قووتیا رەنگێ

ធុងថ្នាំពណ៌

جەڕ

វីស

ئامورێن موزیکێ

ឧបករណ៍តន្ត្រី

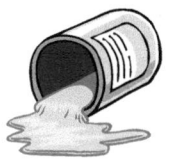

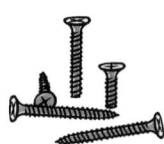

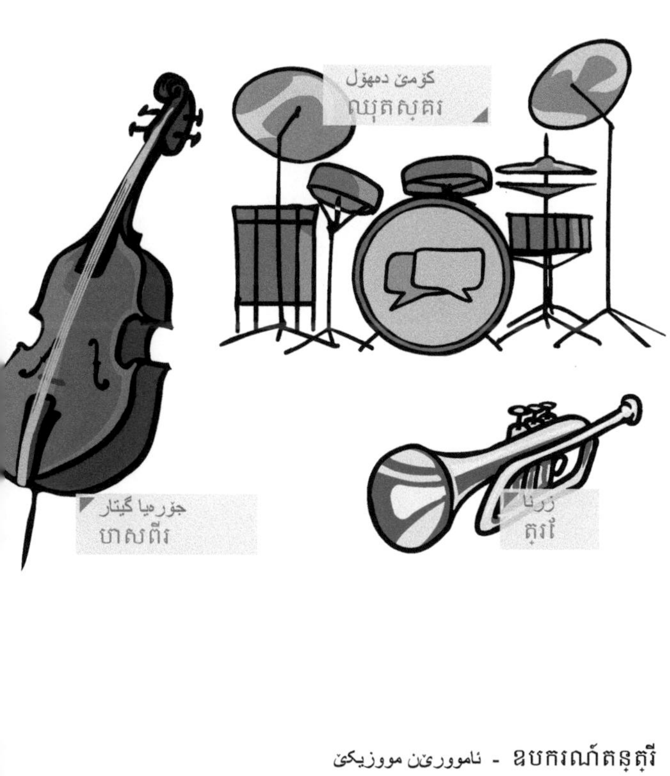
کۆمێ دەهۆل
ឈុតស្គរ
بلیندگۆ
ឧបករណ៍បំពងសំឡេង
گیتار
ហ្គីតា
جۆرەیا گیتار
ហាសពីរ
زرنا
ត្រែ

بيانو

ព្យាណូ

فيؤلين

វីយូឡុង

باس

ហាស

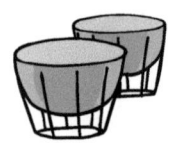

دهؤل

សូតរពោសសុបតែមួយ៉ាង

داهؤل

សូតរ

كمبيؤارد

យ៉ីបត

ساكسؤفؤن

សាក់សូហ្សូន

بلوور

ខ្លុយ

ميكرؤفؤن

ម៉ីក្រូហ្សូន

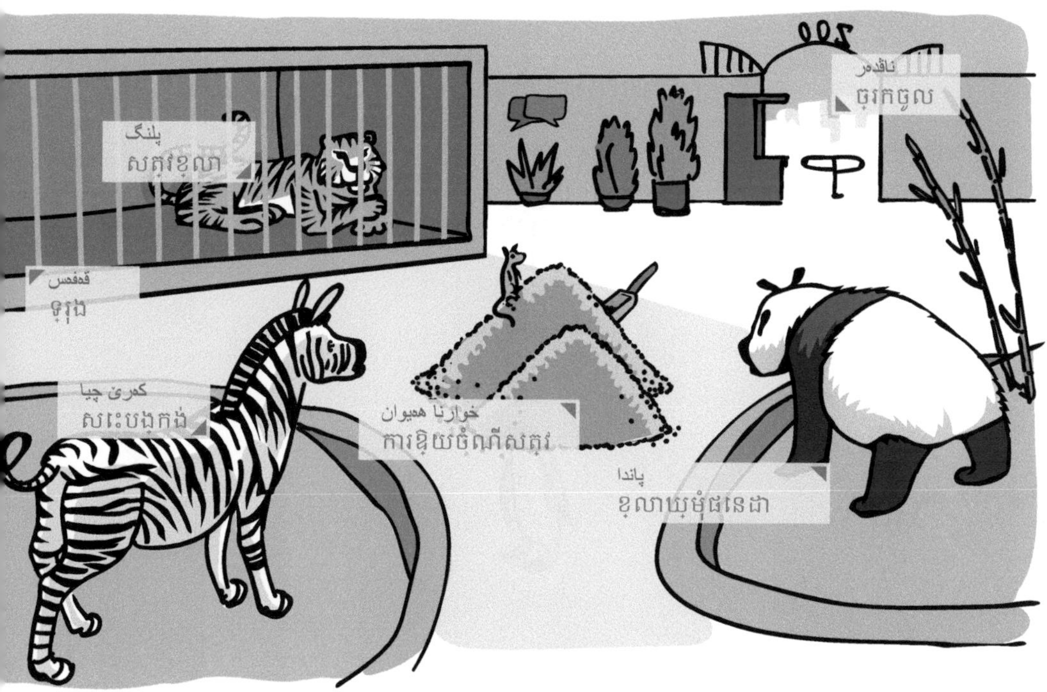

پلنگ
សត្វខ្លា

نافدمر
ចរកចូល

قەفەس
ទ្រុង

كمرێ چیا
សេះបង្កង់

خوارتا هەیوان
ការខ្ចីយថ៌ពីសត្វ

پاندا
ខ្លាឃ្មុំផេនដា

هەیوان
សត្វ

فیل
សត្វដំរី

كانگاروو
សត្វរកងហុករ

كمركدەن
សត្វរមាស

گۆریل
សត្វស្វាហ្គ័រីឡ្លា

هرچ
ខ្លាឃ្មុំពណ៌តូនពោត

هڔشتر

សត្វអូដ្ឋ

هڔشترمه

សត្វអូទ្រីស

شیر

សត្វតោ

میموون

ស្វា

فلامینگۆ

សត្វក្រៀល

پاپاخان

សាកេ

هرچا جۆمسەری

ខ្លាឃ្មុំគំបន់ប៉ូល

پدنگوین

ជនេយ៉ើន

سەماسی

ត្រីឆ្លាម

تاووس

ក្ងោក

مار

សត្វពស់

تمساح

ក្រពើ

پارێزەرا باخچا ئاژەلان

អ្នករក្សាសួនសត្វ

سەگا دەریا

ឆ្មាទឹក

پلنگ

ខ្លារខិនមឃ្យាង

هسپ

ក្តនស៖

پلنگ

ខ្លារខិន

هسپی رووبار

សត្វជីវ៉ឹក

جانهئشتر

សត្វករ៉ៃ

هەلۆ

ពន្ធ្រី

بەرازی کۆڤی

ជ្រូក

ماسی

ត្រី

كووسی

អណ្តើកទឹក

والراس

លោមមច្ឆា

رۆڤی

កញ្ជ្រោង

خەزال

ក្ដាន់

فووتبۆلی نامریکا
កីឡាបាល់ទាត់អាមេរិក

بسکلێتان
ការបរណាំងកង់

تەنیس
កីឡាថេនិស

باسکێتبۆل
កីឡាបាល់បោះ

ناڤڕۆ منیکرن
កីឡាហែលទឹក

بۆخنگ
កីឡាប្រដាល់

هۆکیی سەر جەمەدێ
កីឡាវាយកូនបាល់លើ
ទឹកកក

فووتبۆل
កីឡាបាល់ទាត់

بادمنتۆن
កីឡាវាយសី

یەڕ ناتلهتیزمەن
អត្តពលកម្ម

هەندبۆل
កីឡាបាល់កាន់

بەفراڕۆژتن
ការជិះស្គី

پۆلۆ
ប៉ូឡូ

نوشتن
សរសេរ

نیگار کردن
គូរ

نشان دان
បង្ហាញ

فشردن
ចុច

دادن
ចុយ

راکردن
យក

همپین

មាន

كرن

ធ្វើ

بوون

គឺ

سمكنين

ឈរ

بازدان

រត់

كشاندن

ទាញ

ناڤ،ڗتن

បោះ

كمتن

ធ្លាក់

دمرمو كرن

កុហាក

سمكنين

រង់ចាំ

گوهـزتن

យូរ

روونشتن

អង្គុយ

جل بمركرن

សួលេៀកពាក់

رازان

ដេក

رابوون

ក្បាក់ឡុ្យេង

مطالعه کردن

មើល

گریه

យំ

نوازش

គូសវាស

شانه کردن

សិតសក់

پچ‌پچ کردن

និយាយ

فامیدن

យល់

پرسیدن

សួរ

شنیدن

ស្ដាប់

قهوه خوردن

ផឹក

خوردن

បរិភោគ

گم کردن

សម្អាត

همدیگر کردن

ស្រលាញ់

خوراک چشیدن

ចម្អិន

رانندگی

បើកបរ

پریدن

ហោះ

كشتیرانی

ចែកទូក

همسباندن

គណនា

خواندن

អាន

هینبوون

រៀន

کارکرن

ធ្វើការ

زموجین

រៀបការ

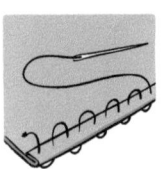

درووتن

ដេរ

ددان شووتن

ដុសធ្មេញ

کوشتن

សម្លាប់

دووخان

ជក់

شاندن

ផ្ញើ

دايير / ជីដូន
بايير / ជីតា
باف / ឪពុក
دى / ម្ដាយ
بيمبك / ទារក
كاچ / កូនស្រី
كور / កូនប្រុស

مىڤان

ក្បញ្រើរ

معت

ម៉ីង

ناپ/خال

ពូ

برا

បងប្អូនប្រុស

خوشل

បងប្អូនស្រី

រាងកាយ

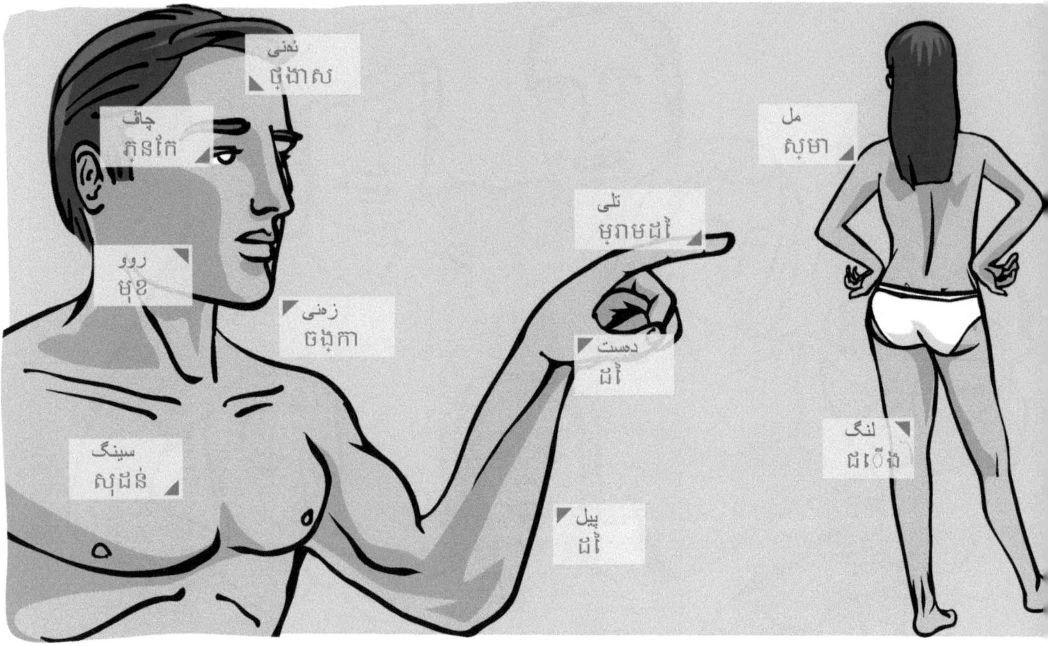

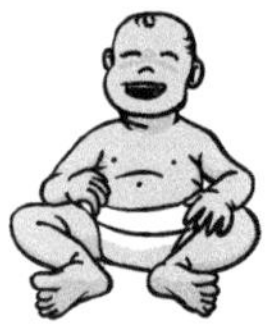

بەبەک

ទារក

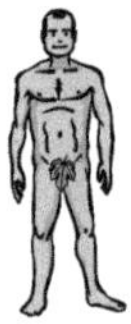

مێر

បុរស

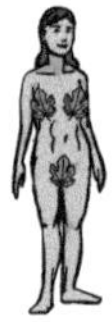

ژن

ស្ត្រី

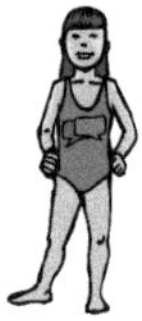

کچ

ក្មេងស្រី

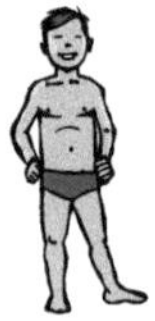

کوڕ

ក្មេងប្រុស

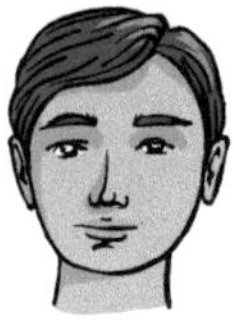

سەر

ក្បាល

پشت

ខ្នង

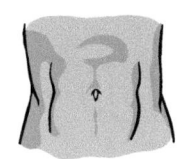

زک

ពពោះ

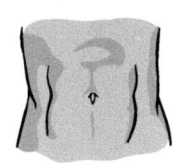

ناف

ផ្ចិត

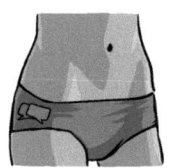

تلیبا پئ

ម្រាមជេីង

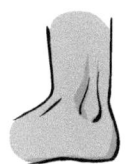

پاشی

កែងជេីង

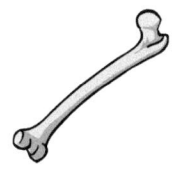

هسته

ឆ្អឹង

کوولیمهک

គូរទាក

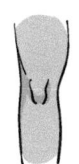

ژوونی

ជង្គុង

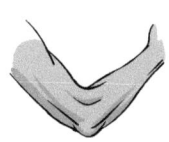

نمنیشک

កែងដៃ

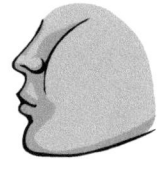

دفن

ថ្ពាល់

قوون

គូទ

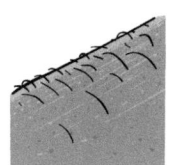

چہرم

សួបតៃ

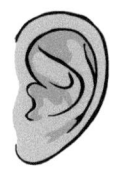

روو

ថ្ពាល់

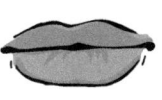

گووه

ត្រចៀក

لۆڤ

បបូរមាត់

រាងកាយ - بەدەن 69

دهف

មាត់

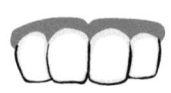

دران

ធ្មេញ

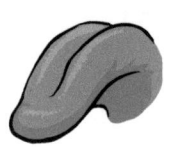

زمان

អណ្ដាត

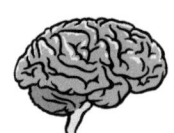

مغزى

ខួរក្បាល

دل

បេះដូង

ماسول

សាច់ដុំ

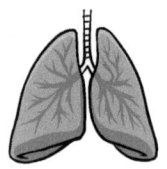

جیگر ا سپی

សួត

جدگر

ថ្លើម

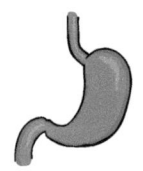

ماده

ក្រពះ

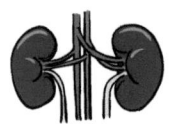

گوورچکان

តម្រងនោម

جۆتبوون

ការរួមភេទ

کۆندوم

ស្រោមអនាម័យ

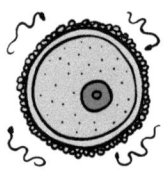

هێلک

អូវុល

توڵ

ទឹកកាម

دووجانی

ការមានផ្ទៃពោះ

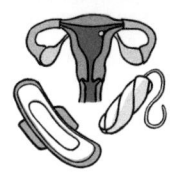

ناده

មករដ្បូវ

قووز

ទ្វារមាស

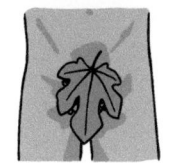

كير

លិង្គ

بروو

ចិញ្ចើម

پۆر

សក់

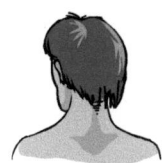

هووستوو

ក

نەخوەشخانە

មន្ទីរពេទ្យ

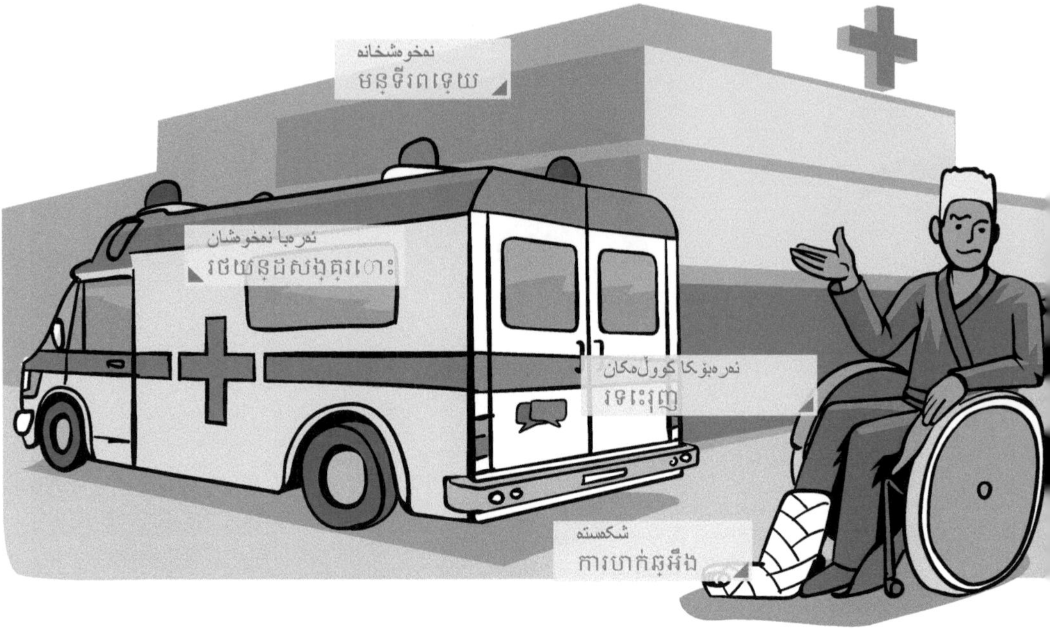

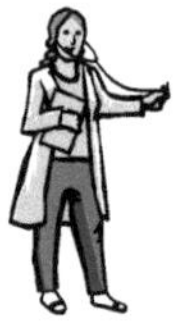

بژیشک

វេជ្ជបណ្ឌិត

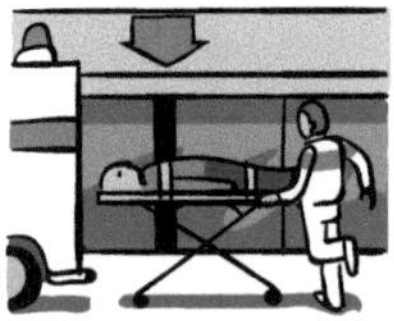

ئۆدا لەزگینێ

បន្ទប់សង្គ្រោះបន្ទាន់

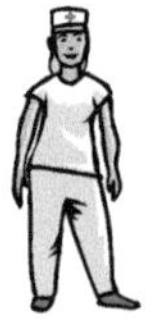

نەخوەشیار

គិលានុបដ្ឋាយិកា

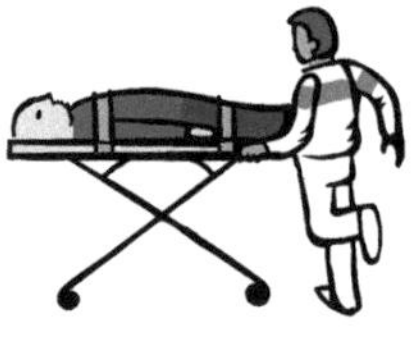

ئاجیلییەت

សង្គ្រោះបន្ទាន់

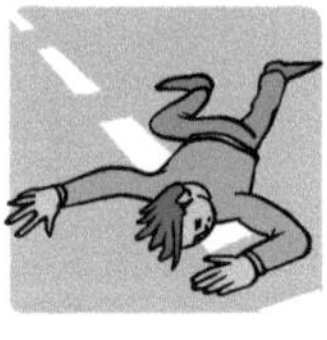

بێهای

សន្លប់

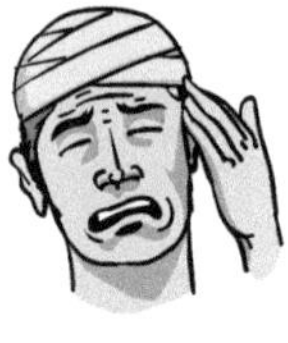

ئێش

ការឈឺចាប់

برين

ការរងរបួស

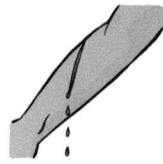

خونريزان

ការហូរឈាម

هۆزرشا دلى

គាំងបេះដូង

جملته

ងងុឃដាច់សរសៃឈាមក្នុង
ក្បាល

نالمرژى

អាលែកហ្ស៊ី

کوخک

ក្អក

تا

ជំងឺគ្រុន

زكام

ជំងឺផ្តាសាយ

نافڃووين

ជំងឺរាគ

سهرى ش

ឈឺក្បាល

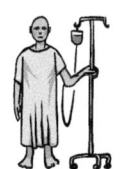

قانسوىر

ជំងឺមហារីក

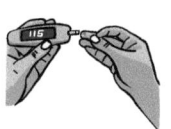

نمخوشيا شمكرى

ជំងឺទឹកនោមផ្អែម

نەمەليكار

គ្រូពេទ្យវះកាត់

سكاليەل

កាំបិតវះកាត់

نەمەملى

បុគ្គិកបុគ្គិការ

جت

CT

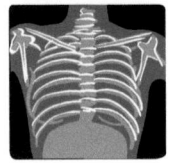

سوورهتئ رؤنتگین

ការស្រមើអ៊ីច

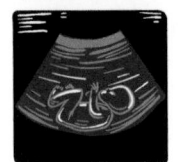

ئوولتراساوند

អេកូ

ماسكئ روويئ

របាំងមុខ

نمخوشى

ជំងឺ

ئۆدا سمكنينئ

រង់ចាំបន្ទប់

گۆچان

ឈរើចុះក៍

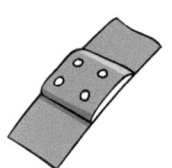

شینل

មុនាងសិលា

پاچئ برينبئجانئ

បង់រុំ

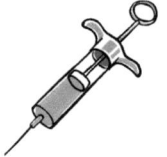

دهرزى

ការចាក់ថ្នាំ

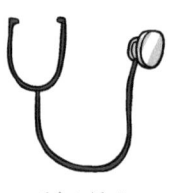

بيستوکا پزيشکى

ស្ដូតូ

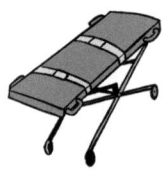

داربهست

សន្ទៃរបូស

تئنهنپيڤا كلينيکئ

ទវៃម៉ូម៉ៃត្រៃវពុយាបាល

زايين

កំណើ៨ឯ

قطلمو

លវើសទមុងង់

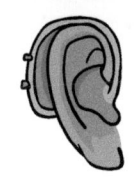

ناليكاريا بهيستنی

បរិក្ខារជំនួយការស្ដាប់

باكتريكوژ

សារធាតុសម្លាប់មេរោគ

كوتيبوون

ការផ្សាំងមេរោគ

ڤيرووس

មេរោគ

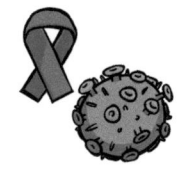

هف / نادس

មេរោគអេដស៍ / ជំងឺអេដស៍

درمان

ថ្នាំពេទ្យ

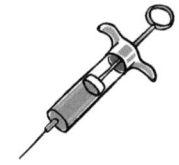

كوتان

ការចាក់ថ្នាំបង្ការ

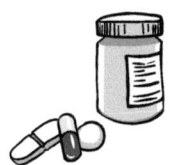

همبان

ថេប្លិត

همب

ថ្នាំគ្រាប់

لمزگين

ការហៅទៅលេអាសន្ន

ديمهندهری ڤهستۆ خوين

ឧបករណ៍ពិនិត្យសម្ពាធ
ឈាម

نمخوهش / ساخ

ឈឺ / មានសុខភាពល្អ

هموار!
ناNارم

សំឡេងរោទ៍

نئۇرىش

ការវាយលុក

هموار!

ជំនួយ!

نئۇرىشكرن

ការវាយប្រហារ

تالووك

គ្រោះថ្នាក់

دەركەتنا ناجل

ចរកចេញគ្រាអាសន្ន

ناگر!

អគ្គីភ័យ!

ناگر قەمراندنئ

បំពង់ពន្លត់អគ្គិភ័យ

قەزا

គ្រោះថ្នាក់

نالەتوين ناليكاريا يەمكەم

ឧបករណ៍ជំនួយបឋម

سۆس

SOS

پۆليس

ប៉ូលិស

نورۇپا

អឺរ៉ុប

ناممريكايا باكوور

អាមេរិកខាងជើង

ناممريكايا باشوور

អាមេរិកខាងត្បូង

نافريكا

អាហ្វ្រិក

ناسيا

អាស៊ី

ناووستراليا

អូស្ត្រាលី

ناتلانتيك

អាត្លង់ទិច

ئوكيانووسا معزن

ប៉ាស៊ីហ្វិក

ئوكيانووسا هندى

មហាសមុទ្រផេណ្ហា

ئوكيانووسا نانتاركتيكا

មហាសមុទ្រអង់តាកទិច

ئوكيانووسا ناركتيك

មហាសមុទ្រអាកទិច

جمسمرا باكوور

ប៉ូលខាងជើង

جدمسحرا باشوور

ប៉ូលខាងត្បូង

نانتاركتيكا

អង់តាក់ទិក

ئەرد

ផែនដី

ناخ

ដីតរោក

بەھر

សមុទ្រ

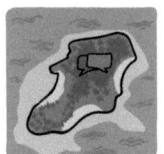

دوورگە

កោះ

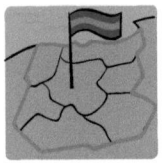

مڵلەت

ប្រទេសជាតិ

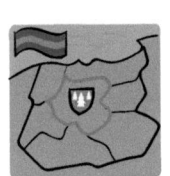

وەلات

រដ្ឋ

روویئ ساعت

មុខនាឡិកា

نشاندهركا دهمژ معينر

ទ្រនិចម៉ោង

نشاندهركا دهقه

ទ្រនិចនាទី

نشاندهركا سانيه

ទ្រនិចវិនាទី

سوئت چهنده؟

ម៉ោងប៉ុន្មាន?

رۆژ

ថ្ងៃ

دهم

ពេលវេលា

نها

ឯកឯនៈ

ساعتئ دجيتال

នាឡិកាឌីជីថល

دهقه

នាទី

سوئت

ម៉ោង

دوه

មុសិលមិញ

نۆرۆ

ថ្ងៃនេះ

سبەی

ថ្ងៃស្អែក

سبە

ព្រឹក

نیڤرۆ

ថ្ងៃត្រង់

ئێڤار

ល្ងាច

رۆژێن کاری

ថ្ងៃធ្វើការ

داویا هەفتە

ចុងសប្តាហ៍

باران — ទឹកភ្លៀង

کمسکدسۆر — ឥន្ទធនូ

با — ខ្យល់

یحفر — ពពិល

بهار — និទាឃរដូវ

هافین — រដូវក្ដៅ

پاییز — រដូវស្លឹកឈើជ្រុះ

زفستان — រដូវរងារ

پۆشبینیا هەوا

ព្យាករណ៍អាកាសធាតុ

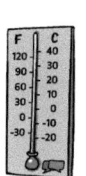

تەهنیف

ទែម៉ូម៉ែត្រ

تاڤ

ពន្លឺថ្ងៃ

هەور

ពពក

مژ

អ័ព្ទ

هێمی

សំណើម

برق

រន្ទះ

برووسک

ផ្គរ

توفان

ព្យុះ

تەرگ

ព្រិល

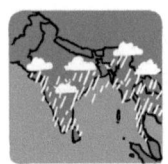

مانسوون

ខយល់មូសុង

لەهى

ទឹកជំនន់

جەممەد

ទឹកកក

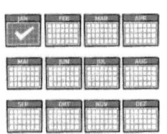

رێبەندان

ខែមករា

رەشەمە

ខែកុម្ភៈ

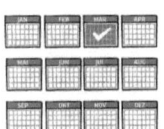

نەورۆز

ខែមីនា

گوڵان

ខែមេសា

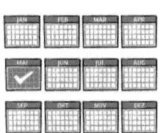

جۆزەردان

ខែឧសភា

پووشپەڕ

ខែមិថុនា

گەلاوێژ

ខែកក្កដា

خەرمانان

ខែសីហា

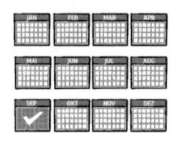

رەزبەر

ខែកញ្ញា

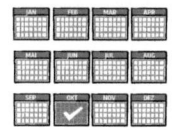

كمووچەر

ខែតុលា

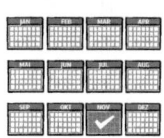

سەرماوەز

ខែវិច្ឆិកា

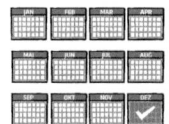

بەفرانبار

ខែធ្នូ

چەمبەر

រង្វង់

چارچک

ការ៉េ

چارقۆزی

ចតុកោណកែង

سێقۆزی

ត្រីកោណ

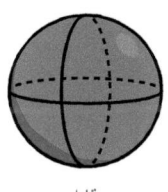

قادا

ស្វៀរ

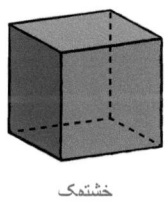

خشتەمک

គូប

سپی

ពណ៌ស

زەرد

ពណ៌លឿង

پرتەقالی

ពណ៌ទឹកក្រូច

پەمبە

ពណ៌ផ្កាឈូក

سۆر

ពណ៌ក្រហម

مۆر

ពណ៌ស្វាយ

شین

ពណ៌ខៀវ

کەسک

ពណ៌បៃតង

قەھوەیی

ពណ៌ទឹកក្រូច

گەور

ពណ៌ប្រផេះ

رەش

ពណ៌ខ្មៅ

زۆر / کەم

ច្រើន / តិចតួច

ب هێزرس / بۆندەنگ

ខ្លាំង / ត្រជាក់ចិត្ត

بەدەو / نەرەند

ស្រស់ស្អាត / អាក្រក់

دەستپێنک / داوی

ចាប់ផ្តើម / បញ្ចប់

مەزن / بچووک

ធំ / តូច

رۆنی / تاری

ភ្លឺ / ងងឹត

براک / خوشک

០បូអ្នកបុរស / បងប្អូនស្រី

پاگێڕ / گرێرژ

ស្អាត / កខ្វក់

تەفی / نەتەمام

ពេញលេញ / មិនពេញលេញ

رۆژ / شەف

ថ្ងៃ / យប់

مری / زندی

ស្លាប់ / នៅរស់

فرە / تەنگ

ធំទូលាយ / តូចចង្អៀត

خومش / نمخومش

អាចបរិភោគបាន /
មិនអាចបរិភោគបាន

نمباش / باش

ចិត្តអាក្រក់ / ចិត្តល្អ

ب هيمجان / ناجز

ការរិះរើប / អជ្ឈសុក

قطمو / زراف

ជាត់ / ស្តម

يمكمبين / داوين

ដំបូង / ចុងក្រោយ

همَال / دژمن

មិត្តភក្តិ / សត្រូវ

تژی / ڤالا

ពេញ / ទទេ

رمق / نمرم

រឹង / ទន់

گران / سفک

ធ្ងន់ / ស្រាល

برجی / تینی

ភាពអត់ឈរ្យាន /
ការស្រុកេឃ្យាន

نمخومش / ساخ

ឈឺ / មានសុខភាពល្អ

نمقانوونی / قانوونی

ខុសច្បាប់ / ត្រូវច្បាប់

رموشمنبیر / بالوووله

ឆ្លាតវៃ / ឆ្កួត

چپ / راست

ឆ្វេង / ស្តាំ

نۆزی / دوور

ជិត / ឆ្ងាយ

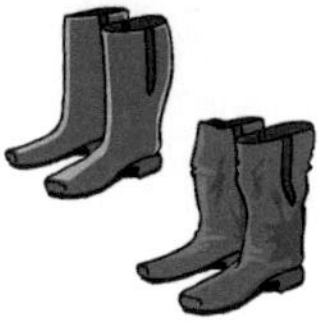

نوو / بکارهاتی

ថ្មី / ហានប្រើ

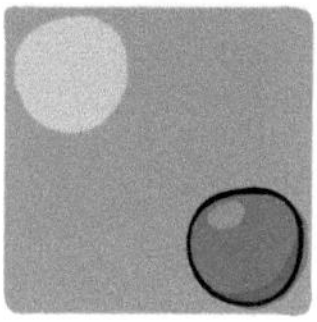

هیچ / تشتەک

គ្មានអ្វីសោះ / អ្វីមួយ

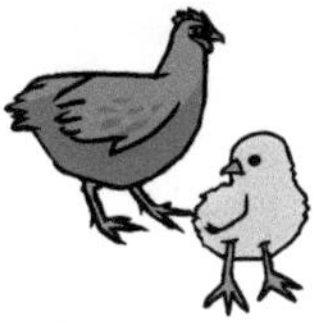

کال / جوان

ចាស់ / ក្មេង

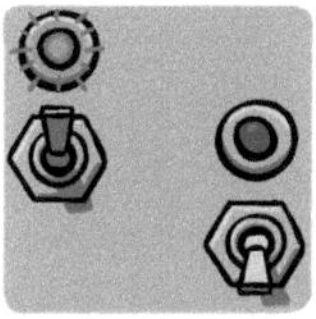

ل / ژ

បើក / បិទ

ڤەکری / گرتی

បើក / បិទ

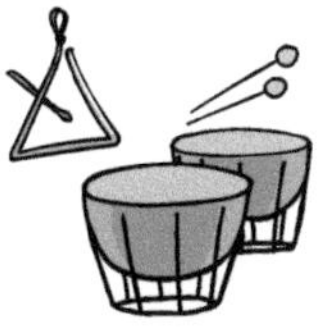

ئارام / دەنگبلند

ស្ងប់ស្ងាត់ / ឮខ្លាំង

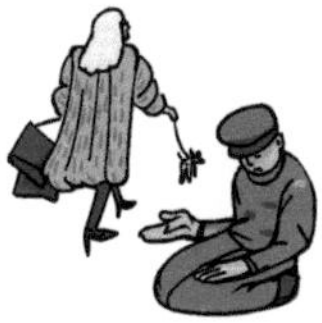

دەولەمەند / رەبەن

មាន / ក្រ

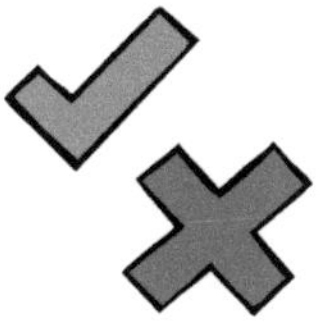

راست / شاش

ត្រូវ / ខុស

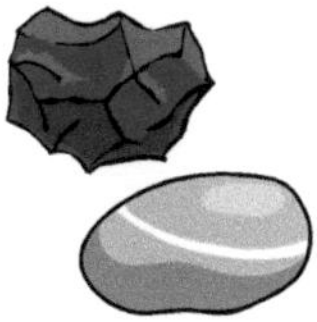

دڕ / هلوو

គ្រើម / រលោង

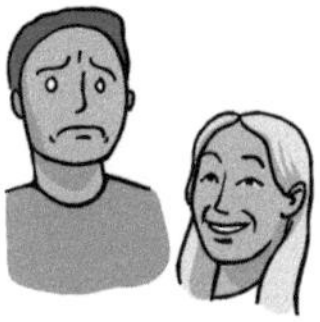

خەمگین / شا

ភាកចិត្ត / សប្បាយចិត្ត

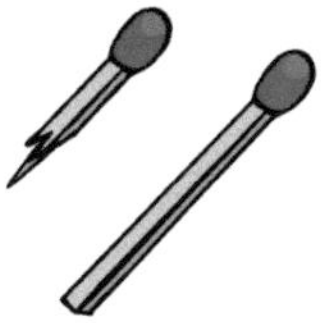

کورت / درێژ

ខ្លី / វែង

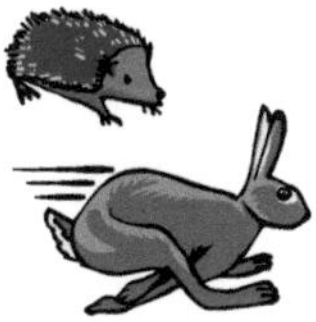

هێدی / زوو

យឺត / លឿន

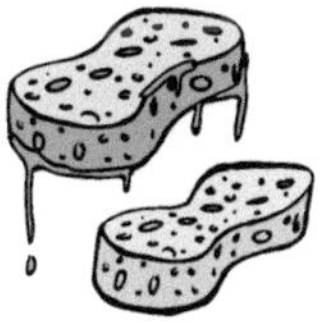

شل / زوا

សើម / ស្ងួត

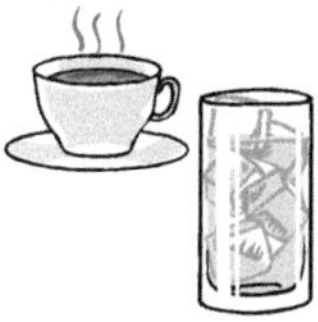

گەرم / هێنک

ក្តៅ / ត្រជាក់

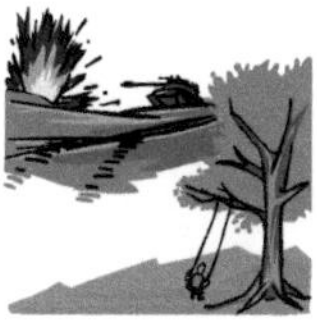

شەڕ / ئاشتی

សង្គ្រាម / សន្តិភាព

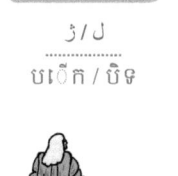

0	1	2
سفر	یمک	دوو
ស្នូឍ	មួឍ	ពីរ

3	4	5
سێ	چار	پێنج
បី	បួន	ប្រាំ

6	7	8
شمش	هەوت	هەشت
ប្រាំមួឍ	ប្រាំពីរ	ប្រាំបី

9	10	11
نۆ	دە	یازده
ប្រាំបួន	ដប់	ដប់មួឍ

12
دوازده
ដប់ពីរ

13
سیزده
ដប់បី

14
چهارده
ដប់បួន

15
پانزده
ដប់ប្រាំ

16
شانزده
ដប់ប្រាំមួយ

17
هفده
ដប់ប្រាំពីរ

18
هژده
ដប់ប្រាំបី

19
نوزده
ដប់ប្រាំបួន

20
بیست
ម្ភៃ

100
صد
រយ

1.000
هزار
ពាន់

1.000.000
ملیون
លាន

نينگليزى

អង់គ្លេស

ننگليزيا نامريكى

អង់គ្លេសអាមេរិក

چينى ماندارين

ចិនកុកង៉

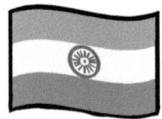

هيندى

ហិណ្ឌូ

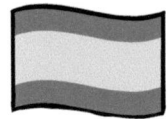

ئيسپانيولى

អេស្ប៉ាញ

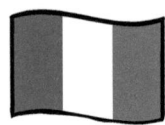

فرهنسى

ហ្វាំង

عهرهبى

អារ៉ាប់

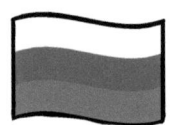

رووسى

រុស្ស៉ី

پۆرتوگالى

ព័រទុយហ្គាល់

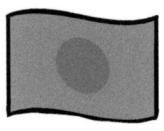

بهنگالى

បង់ក្លាដេស

عهلمانى

អាល្លឺម៉ង

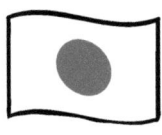

ژاپۆنى

ជប៉ុន

من

ខ្ញុំ

تو

អ្នក

نمو / نمف / نمو

គាត់ / នាង / វា

ئمهم

យើង

تو

អ្នក

نمو

ពួកគេហ្មន

کی؟

នរណា?

چ؟

អ្វី?

چاوا؟

របៀបណា?

کیدهری؟

កន្លែងណា?

کهنگی؟

ពេលណា?

ناف

ឈ្មោះ

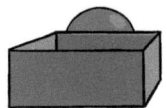

پښتی

ពីក្បរខោយ

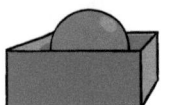

កនុង

پۀښتی

ពីមុខ

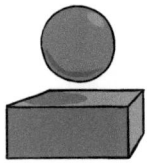

سعر

ពីលរើ

سعر

នៅលរើ

بن

នៅក្បរខោម

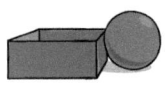

کونلمک

នៅក្បបៃ

ناۀیمر

រវាង

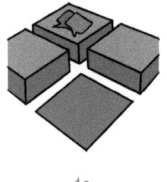

جه

កន្លបៃ